《和谐家园-1》 郭世杰 2019年 水彩 80cm×150cm

《和谐家园-2》 郭世杰 2020年 水彩 37cm×56cm

《和谐家园-3》 郭世杰 2020年 水彩 37cm×56cm

《向梦想出发》 郭世杰 2019年 水彩 150cm×190cm

《和谐——梦之律动》 郭世杰 2019年 水彩 85cm×115cm

《蓝墙》 郭世杰 2019年 水彩 80cm×115cm

《冬奥之城——大舞小镇》 郭世杰 2022年 水彩 37cm×53cm

《希望》 郭世杰 2019年 水彩 37cm×56cm

《生命之歌》 郭世杰 2018年 水彩 56cm×76cm

《独处》 郭世杰 2019年 水彩 36cm×53cm

冰雪艺术

冬奥美术设计与国家形象建构的人类学研究及启示

刘 明　刘丹航　郭世杰　著

中国纺织出版社有限公司

内 容 提 要

本书以奥运会标志设计、冬奥会会徽设计、冬奥会场馆设计、冬奥会吉祥物设计和冬奥会主题美术创作等与国家形象建构的关系为主线，探寻设计在体育文化活动中的多样性与丰富性，从而深度阐释设计文化、冰雪文化和国家形象之间的互动关系和内在逻辑。冰雪艺术作为独特而又重要的社会文化力量，对凝聚社会价值共识和增强文化认同具有积极作用。

本书有助于爱好艺术设计、国际传播、体育文化和社会人类学的读者们循序渐进地理解并感悟冰雪艺术作为叙事的形象表达、家国情怀、民族精神和时代风貌。

图书在版编目（CIP）数据

冰雪艺术 ：冬奥美术设计与国家形象建构的人类学研究及启示 / 刘明，刘丹航，郭世杰著. -- 北京：中国纺织出版社有限公司，2025.4. -- ISBN 978-7-5229-2574-5

Ⅰ. G811.212；D6

中国国家版本馆 CIP 数据核字第 2025PN0914 号

责任编辑：朱昭霖　　特约编辑：刘　超
责任校对：高　涵　　责任印制：王艳丽

中国纺织出版社有限公司出版发行
地址：北京市朝阳区百子湾东里 A407 号楼　邮政编码：100124
销售电话：010—67004422　传真：010—87155801
http://www.c-textilep.com
中国纺织出版社天猫旗舰店
官方微博 http://weibo.com/2119887771
北京华联印刷有限公司印刷　各地新华书店经销
2025 年 4 月第 1 版第 1 次印刷
开本：710×1000　1/16　印张：12.5
字数：200 千字　定价：98.00 元

凡购本书，如有缺页、倒页、脱页，由本社图书营销中心调换

引　言

> 体育教会我们如何在规则下赢，如何有尊严和体面地去输……
> ——《体育·中国与世界》

党的二十大报告指出，"要加快建设教育强国、科技强国、人才强国、文化强国、体育强国、健康中国，国家文化软实力显著增强"；"增强中华文明传播力影响力。坚守中华文化立场，提炼展示中华文明的精神标识和文化精髓，加快构建中国话语和中国叙事体系，讲好中国故事、传播好中国声音，展现可信、可爱、可敬的中国形象"。国际重大体育赛事不仅是单纯的体育竞技活动，还具有超越体育的文化价值和意义。国家形象同体育的关系极为紧密，具备超国界、超民族和超意识形态的文化特征。冬季奥林匹克运动会（下文简称"冬奥会"）作为一项国际顶级、世界共享型体育盛会，是主办方向世界展现和传播国家形象的重要时机。

国家形象是指国家的自然状况、政策实施、社会实践、制度特征和国民的精神面貌等要素状况在国际社会公众心目中的综合反映。国家形象涉及国家威望、声誉、认同和品牌等内核，并兼有国内与国际、整体与局部、真实与虚假、理想与现实形象等维度，它是一种集政治、经济和文化的资本力量。国家身份符号化的价值认同、国家品牌故事化的身份重构和国家形象立体化的媒介呈现互为依托，共同为奥运会建构国家形象之理论基石，可以说国家形象的建构得益于综合国力、文化自信和创意叙事。

2015年7月31日，国际奥委会主席巴赫在马来西亚吉隆坡宣布北京成为第24届冬季奥林匹克运动会的举办城市。北京作为全球第一个"双奥之城"，通过多元符号展示（多种元素）、议程设置（创意活力）和脱域共同体互动（文化流动）在开幕式中讲述中国故事。在现实操作层面，中国仍需借助体育赛事平台构建良好的国际形象，是因为良好的国家形象于内能加强凝聚力，于外能提升国际地位和获得国际支持。在理论探索层面，如何超越以自我为中心的文化藩篱，不断容纳对"他者"的理解，从而实现向世界呈现一个立体真实、多元活力的魅力中国。基于国际社交媒体推特平台，中国积极建构了以运动员为核心，全民奥运、科技奥运的文化中国整体形象。从逻辑上，建构了冬奥会与中国国家形象的关联；从实践中，促进中国形象在海内外的传播与认同。冬奥会作为国家形象建构的重要情境，通过大众媒介、体育文化、体育赛事、体育教育、体育人际、体育组织等传播渠道，在错落有致的意义结构中被层层建构。

国家形象是构成国家实力的基础，回顾既往研究，时政话题与国家形象的相关性最高。国家形象作为文化软实力，如何做到由"对外宣传"到"国际传播"理念转变中的多维并举以扩大影响力，如何由"古代中国""现代中国""红色中国""开放中国"迈进"全球中国"的话语体系，乃是摆在学者面前的重要学术议题。20世纪中国美术始终紧贴国家发展与变革，以美术作品彰显和建构国家形象。21世纪主题性美术创作成为中国国家形象建构意义的重要角色，秉持国家文艺方针，对内引导民众形成共识，对外塑造中国形象、传播国家正能量。因此，提升并传播好真实、积极的中国形象在某种程度上决定了中国在国际社会发展的前景与命运。米歇尔·福柯（Michel Foucault）的"话语"超越了语言文字本身，其与社会实践结合构成高层次的范畴。我们试图通过冬奥会话语建构，以主题性美术为依托，探求国家形象建构的可能性和可行性。

在国际关系中，中美的乒乓外交、美印的橄榄球外交、印度和巴基斯坦的板球外交和中国近代体育外交均在国家形象建构中，从政治认同、社会沟通和利益协调等方面发挥着重要作用。回溯文献时，依据国家形象传播路径的学术范式有两种，分别是以事实传播为中心的本质主义路径和以身份传播为中心的建构主义路径。建构主义从国际体系结构而非个体国家单位的系统层面来看待国家形象，它是基于国家间的身份认同来建构，而非独立自主地存在着，具有结构性而非个体性的特征。

冬奥会由不同国家行为主体在与他国互动中对自我身份进行定位，兼具多重性、动态性和建构性。我们所研究的冬奥会主题性美术创作与国家形象建构的关系，其理论脉络基于身份传播的建构主义之思。毋庸置疑，体育强国的中国梦需要直面大众观念、民众接受度、国际体育贡献率的影响等。由此，其研究意义也得到凸显：在于维护祖国统一、强化道路自信，在世界体育舞台上打造创新话语体系和优势，构建新时代国家形象。

奥林匹克组织重视体育运动的文化逻辑表达，从多元路径上寻求体育运动的传播与传承。奥运会会徽融合了体育运动、文化特色和艺术审美三方面的文化特点，从而打破体育运动的单一文化局限，使其在不同历史条件下和不同地域环境下通过特定主题或概念表达，从多方面展示奥林匹克运动丰富的文化内涵，增强人类共同的心理或文化上的认同感。冬奥会是奥林匹克运动系统的重要组成部分，其会徽设计更是体现出体育与艺术、现实与想象、理性与感性的完美统一。由于世界具有多元且丰富的文化形态，根据举办地的文化特点，奥运会设计也呈现出文化上的差异性。如在色彩的使用上，东方多用红色和暖色，代表喜庆与热烈；西方多用蓝色与冷色，代表冷静与理性。设计理念上，东方更注重传统文化的抒发与阐释，西方更注重现代文化的理解与表达。标志设计的造型表现形式上，西方更愿意突出块面的多样性表现，东方更倾向于线性艺术的审美表达。当前，奥林匹克运动的相关设计更注重本土化的个性表达，以此作为本土文化传播弘扬的重要路径，这也是世界多样性的现实反映。对于全球参与的公共体育赛事，其相关设计是基于国际化共性的多样性呈现，体现着异中求同的人类文化发展思维。随着时代发展，奥运会标志的发展也呈现出新的特点，逐渐从平面向超平面化扩展、由静态向动态延伸、由单向传播向媒体互动传递的态势发展。

现代奥林匹克运动会历经33届，已成为空前盛大的国际体育赛事，不仅为国际文化交流互动提供了一个广阔平台，也为艺术设计发展注入了新鲜血液。从工业时代到信息时代，奥运会标志设计方式不断创新、表现语言不断多元、标志种类逐步丰富、社会影响快速提升。奥运会视觉形象标志是体现奥运文化的重要符号。奥运会标志设计从以招贴画海报、标志的初步形成、后期的成熟发展和现代的自由创新四个阶段，展现了人类社会发展的时代性特征，浓缩了奥运文化形象发展历程。从艺术风格上，可以将冬奥会会徽分为四个阶段，分别为起源阶段的新艺术运动（强调冰雪运动的动作表现）、古典写实风格（注重客观写实、画风细腻）、野兽派主义（用色大胆，特色鲜明），形成阶段的现代主义（注重现代感）、立体主义（尝试空间及形态的多维表达），发展阶段的国际主义、后现代主义，以及如今各种主义综合化的转变。从图像学分类看，会徽在形状选择上多以矩形、圆形、三角形为主，其中矩形最为普遍。会徽设计在颜色选择上，多采用红、黄等偏暖色调，气氛热烈；在颜色数量上，会徽的呈现以两种颜色居多。会徽在造型方面，突出点线面搭配的丰富性和艺术性。在大数据时代，多维多元的奥运标志设计为主要发展趋势，回归本土化及民族化也是提升本国影响力的重要手段，绿色理念趋势在这个工业化急速发展、环境遭到严重破坏的时代里也是尤为重要的。

冬奥会作为大型综合运动会，对各主办国来说是一个构建与展示良好国家形象的契机，由此，对冬奥会场馆设计提出更高标准和要求。各主办国在冬奥会的场馆设计中将具有本国代表性的文化元素、造型和材料应用现代设计方法融入其中，创造具有本国文化特色的冬奥体育场馆建筑，从而形塑属于本国的国家形象构建。本书通过对国家形象、冬季奥运会相关理论、冬奥会场馆设计对国家形象构建所起作用的梳理，探讨奥运会与国家形象传播的关系。

奥运会吉祥物是历届冬奥会的文化载体，是奥林匹克标志性的视觉符号，也是奥林匹克艺术元素的集中体现和表达。首先，冬奥会吉祥物是各个国家文化输出的重要内容和标志，它代表了冬季冰雪和体育竞技的精神。冬奥会吉祥物自诞生已有近60年，时间虽不长，但随着世界经济文化飞速发展，也推动了吉祥物的设计演变，以更加人文、贴近冰雪竞技的形象出现在世界人民眼中。其次，起步萌芽阶段（1968—1975年）出现简单的吉祥物形象，该阶段也标志着吉祥物正式诞生；逐渐探索阶段（1976—1991年）在吉祥物形象内容设计、文化内涵方面作出突破，吉祥物开始出现商业价值；多元发展阶段（1992年至今）吉祥物的形象开始向自由、多元方向发展，吉祥物的形象更加成熟和多彩。最后，冬奥会吉祥物的设计要素包括色彩、数量、形象和元素搭配四方面。吉祥物的色彩多以白色、棕色和蓝色为主，这些颜色取自自然，使冬奥会吉祥物更加贴近自然；吉祥物的数量从单一的个体向多个发展，各国的吉祥物也不再拘泥于单个形象；吉祥物的形象从抽象往拟人方向发展，囊括了冰雪、动物和虚拟人物等形象；吉祥物设计元素主要以冰雪、竞技运动装备为主要搭配元素，有鲜明的冬季特征。

主题性美术重视叙事的形象艺术表达，强调国家意志、民族精神和时代风貌，加之共情的文化特点，成为独特而又重要的社会文化力量，对凝聚社会价值共识，增强文化认同具有积极作用。国家形象是社会公众和世界其他国家政权对一个国家总体态度的评价反映，是文化软实力的重要象征。通过剖析冬奥会主题性美术与国家形象建构的交互关系，挖掘艺术文化在塑造国家形象的更多可能性和意义空间，进而提升当代艺术文化发展的自觉性和国家形象建构的多元性与时代性。

设计人类学强调以人类学的理论与方法对设计行为、设计作品、设计用户、设计文化进行全面立体性研究，重视人类学与设计学交叉融合，最终以设计民族志为结果的创新学科研究。通过对设计人类学发展历程、研究范式、基本表现、文化属性及特征进行学理性分析，挖掘体育设计文化更多的文化意义空间，尤其是在冬奥会等体育赛事方面的重要价值。

冬运会是我国规模最大、级别最高的冬季综合性体育赛事。本书通过对历届冬运会会徽、场馆建筑和吉祥物设计的梳理分析，试图寻找设计在体育文化活动中的多样性与丰富性，从而深度阐述设计文化、冰雪文化和国家形象之间的互动关系及内在逻辑。

冰雪文化是人们通过与自然环境互动实践，从而获得物质生产、精神表达和社会组织能力的总和。冬奥会、冬运会等大型体育赛事的举办可以促进举办地整个社会系统的优化和提升，带动社会各行各业快速发展，提高基础设施建设水平、丰富社会文化空间、满足地方群众对美好生活的需求。这一部分将以新疆为例，从冬运会视角讨论冰雪文化与社会发展之间的相互关系，为未来冰雪文化发展探索新路径。

美术与设计作品中的冰雪文化是以美术与设计作品（包括美术、农民画、剪纸、海报设计等）中的冰雪文化为媒介，通过梳理分析美术作品中冰雪文化的主题内容、风格语言、审美特征及美术与设计作品的社会功能、价值成效等，可以发现美术与设计在阐释冰雪文化内涵、传播奥林匹克精神与冰雪文化、构建和谐社会关系、传播和弘扬中华优秀传统文化、树立文化自信等方面所具有的社会功能，可以进一步挖掘美术与设计作品更深刻的文化意涵和广泛的社会意义。

刘明

2024年2月于紫林枫舍

目 录

第一章　奥运会标志设计与国家形象 / 1
  一、奥林匹克运动和标志设计 / 2
  二、奥运会标志设计发展演变 / 6
  三、奥运会标志设计与本土文化承接 / 12
  四、现当代奥运标志设计的发展趋势 / 15
  五、冬季奥运会会徽内涵及其功能 / 19
  六、小结 / 29

第二章　冬奥会场馆设计与国家形象建构 / 31
  一、冬季奥运会与国家形象建构 / 32
  二、冬奥会场馆艺术设计分析 / 38
  三、冬奥会场馆设计应用实践 / 41
  四、冬奥会场馆设计对国家形象建构的影响 / 47
  五、小结 / 48

第三章　冬奥会吉祥物设计与国家形象建构 / 51
  一、冬奥会吉祥物脉络 / 53
  二、冬奥会吉祥物设计 / 57
  三、冬奥会吉祥物与国家形象 / 63
  四、小结 / 67

第四章　冬奥会主题性美术与国家形象建构关系研究 / 69
  一、主题性美术与社会文化发展 / 71
  二、北京冬奥会与国家形象建构 / 73
  三、冬奥主题性美术与国家形象关联 / 74
  四、冬奥主题性美术与国家形象路径 / 77
  五、小结 / 79

第五章　设计人类学的发展脉络及文化属性 / 81
　　一、设计人类学的发展历程 / 82
　　二、设计人类学的研究范式及其表现 / 88
　　三、设计人类学的文化属性及其特征 / 90
　　四、小结 / 95

第六章　冬运会与国家形象建构 / 97
　　一、冬运会的发展历程 / 99
　　二、冬运会的会徽设计 / 102
　　三、冬运会的场馆设计 / 106
　　四、冬运会吉祥物设计 / 111
　　五、小结 / 115

第七章　冰雪文化与社会发展关系研究 / 117
　　一、新疆冰雪文化发展历程 / 119
　　二、冬运会与新疆冰雪文化发展 / 122
　　三、新疆冰雪文化发展路径 / 127
　　四、小结 / 132

第八章　美术与设计作品中的冰雪文化 / 135
　　一、绘画作品中的冰雪文化 / 137
　　二、农民画中的冰雪文化 / 144
　　三、剪纸作品中的冰雪文化 / 147
　　四、设计作品中的冰雪文化 / 151
　　五、小结 / 160

结　语 / 163

参考文献 / 167

后　记 / 177

第一章

奥运会标志设计与国家形象

《向梦想出发》 水彩 150cm×190cm 2019年 郭世杰

现代奥林匹克运动会（以下简称"奥运会"）已历经33届，逐渐发展成世界规模最大的综合性国际体育赛事，为世界多元文化交流互动创造了良好的发展语境。随着奥运会的发展史，奥运会标志设计方式也得到不断创新发展，设计标志种类不断丰富、文化形式更加多元。以视觉文化视角分析奥运会标志设计的演变轨迹，可以探索奥运会标志设计的文化特征及发展趋势，以此更好地解读奥林匹克精神的多样性及时代性。

经过多年发展，奥运会视觉形象文化中的标志设计已成为奥林匹克运动的精神象征及文化传播的重要符号。奥运会标志设计从起初的招贴画海报萌芽期、探索成长的快速发展期到自由创新多元期，展现了社会发展过程中奥林匹克文化不断发展和完善的过程，体现了奥运文化的时代性。在大数据时代，多维化、多元化的奥运标志设计为主要趋势设计。回归本土化及民族化逐渐成为奥林匹克运动发展的主流，也是提升举办国文化影响力、构建良好国家形象、促进社会发展的重要手段。

顾拜旦（Coubertin）在发表的论文中强调，作为全球性的体育盛会，奥运会不仅是人类奥林匹克精神的集中体现，也是人类文化艺术性的杰出代表，其所蕴含的视觉艺术体验展现了人类生生不息的精神态度。正是凭借自身鲜明而独特的视觉特征，奥运会标志设计已经成为奥运会不断创新和发展的重要视角，不仅在设计维度高度概括了奥林匹克精神的时代性特征，也以视觉核心的地位，向人们不断展示着奥运的发展历史。

一、奥林匹克运动和标志设计

（一）奥林匹克运动的诞生

古代奥运会起源于公元前776年，每四年的夏季举办一次。古希腊作为一个有着悠久历史的文明古国，给奥运会的起源带来了一丝神秘色彩，据传最早的奥运会是为了祭祀众神之王宙斯而设立的。当然，古代奥运会事实上诞生于连年征战和神明祭祀的大环境，深受古希腊当时特殊的社会环境、经济环境、政治环境和文化环境的影响。古希腊人民在当时频繁的战火中，希望能够通过各种振奋人心的体育赛事来展现自身蓬勃向上、渴望和平的思想和期盼，因此组织了一系列带有竞技性质的体育赛事，并将其命名为奥林匹克运动会。奥林匹克运动会举办之初就深受好评，发展至今已经形成一种独特的文化符号，传承不绝并逐步演变为现代奥林匹克运动会。奥运会从诞生到公元394年，在先后举办的293届期间经历过多次衰败与繁荣。19世纪末期，在以顾拜旦为代表的有识之士的共同努力下，奥运会再次回归人们的视野，这也是现代奥林匹克的发轫。

"国际体育教育代表大会"于1894年召开。本次会议上，顾拜旦对奥林匹克精神、理念作出了高屋建瓴的阐述，并且以此为基础重新阐述了奥运会的内涵，明确了奥运会以体育运动为主要内容、举办的年份及组织方式，在解读了其文化理念的同时，强调奥运会的举办对于人类生理、心理的健康发展，以及提升思想道德素质的重要的积极意义，希望世界各国积极推广和普及奥林匹克。同时，顾拜旦还高度评价了奥林匹克运动精神在推动世界和平方面的重要价值，奥林匹克主义思想体系由此形成，奥林匹克运动体系初步建立。

（二）奥林匹克运动的精神

《奥林匹克宪章》中明确提出："奥林匹克精神就是相互了解、友谊、团结和公平竞争的精神。"作为奥林匹克精神中最广受关注的第一原则，参与原则是基础性原则，只有广泛地参与才能够发挥出奥林匹克在诸多层面的作用，才能够实现奥林匹克的理想，这也是《奥林匹克宪章》中的核心要旨。第四届奥运会于1908年在伦敦举行，开幕式上顾拜旦引用了《奥林匹克宪章》中的这段话，进一步阐述了奥林匹克运动的精神内核。

在此之后，顾拜旦多次重申奥林匹克运动精神，他认为积极的参与远胜于获得最终的胜利，"生活的本质不是索取，而是奋斗"。这一高屋建瓴的论断得到了全球运动爱好者的广泛认可。作为奥运精神的另一重要原则，竞争原则凸显了奥林匹克超越自我、追求挑战的本质，这不仅是奥林匹克运动的基本形式，也是人类在长期发展过程中所形成的、推动社会发展的重要途径。此外，理解不同文化之间的差异，同样是奥林匹克精神中的重要内容，奥林匹克精神高度重视世界不同文化或文明的交流互动，尤其是重视竞技运动的公平与公正，象征了世界的和平发展。

（三）标志设计内涵

作为视觉传达设计领域的核心内容之一，标志设计在不同时代展现出不同的文化特征。随着全球化及现代化快速发展，世界多样文化的互动性增强，文化更新换代频率逐渐加快，社会的审美标准及需求也在发生质的转变。人们对标志设计的需求发生了巨大的变化。标志设计开始重点突出时代感、时尚感及生活性，这意味着传统标志设计的艺术风格逐渐转变，新的设计审美形式快速成长并被广泛接受。新的审美需求对艺术家提出了新的要求，导致设计思维、设计工具及技术快速转型。通常情况下，标志设计是设计师经过对情感意境与客观物象相融合的提炼，是艺术家根据社会事实并结合主观想象，创造出符合时代要求、表达设计思想内涵且有一定使用功能的特定视觉审美文化符号。设计作品中蕴含着丰富的文化意义，既是社会文化的时代性表达，也遵循了艺术审美的变化规律，从而反映出"小设计大文化"的文化功能。同时，设计师会根据不同的地域文化特征、自身的知识结构、设计文化的现实需求及社会大众的心理期待创新设计出不同种类、不同语言、不同形式、不同特点的设计作品，以满足客观需求，达到标志设计的终极目的。但优秀的标志设计不仅是文化的空间平移或表层次的文化表达，而应该是注入了设计师深刻的思想理念，折射出丰富的文化内涵、厚重的历史感和特色鲜明的时代感，从而传达出独特形象的符号。

标志设计需要具备鲜明的特色或较高的识别度。提高识别度的方法有以下几种。其一，信息简单明了，设计简洁大方，减少记忆材料。以往研究表明，记忆效果与记忆信息材料的多少紧密相关。信息材料越少，记忆效果越好；信息材料信息繁杂，记忆效果越差。其原因在于人脑在信息的接收和处理方面有一定的限制，记忆信息的容量有限，决定了信息在人脑中的存储的时间也相对较短。同时，人们对于标记的记忆基本上是被动接受，依靠短时间收集处理相关信息不能有效达到记忆效果。为了增强人们对信息的理解和吸收能力，设计师在进行标志设计时会尽可能地减少记忆材料，设计信息简洁明了、形象简练易懂、主题刻画深入、追求较强的艺术感，增强人们审美体验，标志设计使观赏者产生了眼前一亮的感受，更容易为人们所接受和记忆。

其二，丰富感官认知。人们对外界信息的获取，首先源于物象对人在感官上的反映及认识上，人脑接收到的所有信息中，大多数的记忆内容源自感官。感官作为人类认识世界、感受世界的直接途径，在感官获取信息后，通过大脑神经系统的处理整合，形成物象或知识上的理解和认识。所以，标志设计可以调动人们全方位的感官维度，设计空间维度的丰富性越强，对人的感官刺激就越大，从而促使人形成较为强烈的知识记忆，不仅能够切实提升标志的趣味性让观众产生兴趣，也能够进一步加深观众的记忆。

其三，直观形象记忆优势。人们更容易记住那些理解难度较低的事物，而那些理解难度较高的知识或者信息则很难在记忆中保存。所以，理解是认识和记忆陌生事物的关键，这也是标志设计传播的基本前提。在现代化语境下，人们对标志设计接触的时间较短，在短时间内很难形成对标志设计内涵本质的了解和认识，而只是停留在机械记忆的表层维度上。我们可以认为,只有那些能够被观赏者们在短时间内理解并长期存储于脑海之中的标志设计才能够有效地传达信息,让人们在潜移默化中形成更长久的记忆。一般来说,人们更容易理解直观的形象,如上文所强调的那样,感知是人们认识、理解客观事物的起点,大脑会记录一定的感官体验信息。从人类的认知、记忆规律来看,人类更容易记住直观的视觉形象,直观形象显然是设计师在标志设计中的重要一环。

其四,理解并尊重不同人群在认知方面的客观差异。任何一种标志设计都希望得到观众的关注,从而实现设计主题文化信息的传播,提升影响力。优秀的设计往往会将受众群体的感受作为其设计过程的重要参考内容。不同受教育程度、不同年龄段的人往往有着不同的审美倾向,对美的诉求差异显著。例如,那些颜色鲜艳、形象生动的视觉形象更容易为儿童所喜爱,以此为基础设计的标志显然更容易得到儿童的关注和记忆;成年人对于色彩搭配较为稳重、时尚、多样且内涵较为深刻的图像的记忆能力更强。因此,标志设计受众人群不同,设计效果不同,为了尽可能增加受众群体,需要重视受众群体的认识差异,人们的大脑只有面对那些新奇、有趣的事物才能够被唤起,从被动吸收转化为主动吸收,这是我们在标志设计过程中必须重点关注的问题。

(四)奥运会标志设计

奥运会标志设计是奥林匹克运动内涵的外在表现,设计师根据奥林匹克文化理念,结合举办国地域文化特点,通过专业化的平面设计理念和工具,对所需要传达的奥林匹克精神加以视觉文化处理,从而生成更具针对性和适用性的文化象征符号——奥运会会标。按照既往经验来看,公开征集是确定奥运会标志设计最终方案的主要方式,经过筛选的一系列作品最终由奥委会的执委会审核后正式发行。具体到本书所讨论的奥运会会标,通常包括图案和文字两个主要部分,一些会标也会添加举办地域或举办时间等相关信息,我们需要意识到,会标的设计实际上是一种归纳、梳理和传达奥运会信息、展现奥林匹克精神的实践活动。通过视觉传达设计的方法技巧,呈现和表达奥林匹克精神,是奥运会标志设计的本质并借此展示主办国家对于奥运会以及奥林匹克精神的理解和崇敬之情[1]。

作为奥运会标志,首先应具有一定的时效性和地域性,这是由奥运会的时间周期和举办地因素决定的。现代的奥运会每四年举办一次,奥组委根据申办国家的社

---

[1] 刘蕾:《奥运会标志设计研究》,硕士学位论文,吉林大学,2014,第4页。

会发展水平及赛事基础设施等条件决定举办地点,为了增强奥运会的时代性并展现举办国文化特色,每届奥运会标志设计会根据不同的主题内容进行创新设计。此外,奥运会标志同样体现了主办国家、主办城市自身对于奥林匹克精神的理解和诠释,这一视觉符号展现出地域特色和民族特征,使其符合举办地的审美文化特征。最后,在商业经济发展的环境下,奥运会标志设计往往与商业文化紧密关联,其奥运价值和品牌经济效益紧紧绑定在一起,因此,奥运会标志设计还需要利于商业推广与宣传,这也进一步促进了奥运会的社会影响,发挥其社会效益和经济利益。

二、奥运会标志设计发展演变

每一届奥运会的会标设计,都有其特定的历史背景和文化含义,并且和当时国际艺术设计潮流相适应。作为具有极强影响力的全球大型体育盛会,奥运会在过去的一百多年时间里不断发展。奥运会的标志设计展现了不同时期、不同国家多样化的风格特征,所反映出的民族文化特性也各不相同。纵观历届奥运会标志的发展及演变不难看出,其标志设计彰显不同时代的艺术发展趋势和举办地的地域文化特色,整体的设计面貌也经历了从单一到多元、从传统到现代、从固定到自由的发展过程。

(一)以招贴画视觉形象为雏形

从雅典奥运会到安特卫普奥运会的二十多年时间里(1896—1920年),招贴画始终是奥运会标的主要形式。19世纪上半叶因国际局势突变,战火遍布世界多个区域,受此影响,艺术界在这一时期涌现出一系列对后世影响深远的艺术文化运动,如工艺美术运动、维多利亚风格等。而无论是当时特定的动荡社会环境还是风起云涌的艺术文化运动,都在客观上对奥运会的会标设计产生了不容忽视的影响。在风格语言上,同时出现古典主义与现代主义双重风格,前者注重写实性的客观表达,后者强调多元、不拘一格的现代主义设计风格。相应的,此时期的社会发展也经历了重大变革,即从传统手工业生产过渡至现代工业化生产模式。随着彩色印刷技术的快速兴起,当时在社会宣传领域开始大量使用彩色招贴画和彩色书籍,而在奥运文化的宣传和推广方面同样表现出这一特征,以奥运会宣传画为基础的奥运会标志设计开始朝着写实的风格发展,并且传统绘画风格在这一时期大行其道。

在当时特定的国际政治环境和时代背景下，奥运会视觉传达以招贴画作为主要形式有其必然性。从中不难发现，时代的发展是艺术发展的重要基础和前提，一方面为艺术的发展提供了基础性的支持，另一方面也束缚着艺术的发展。而仅从奥运会海报内容来看，多以奥运思想的介绍、体育赛事的宣传为主，向大众传播奥运会内容和含义，这是奥运会初期阶段的宣传需要所决定的。由于当时科学技术水平较低，生产力受到了极大的限制，并没有当今这样便捷的信息传播途径和技术手段，只能通过详细的文字去宣传和推广，因此招贴海报成为奥运会信息宣传和奥林匹克精神传播的必然选择。此时的奥运会标志设计尚未形成完整而独立的体系，严格意义上来说还不能称之为标志，不过招贴海报在当时承担了奥运会内容和对奥林匹克精神的总结和宣传功能，也可以将其理解为现代奥运会的官方标志。整体看来，当时的奥运会虽然进入了现代化时期，但是仍然处于萌芽状态，由于缺乏相关经验，所以奥运标志的设计也尚处于摸索阶段，无论其艺术表现性还是设计的规范性，都有着较大的提升空间和内在潜力。随着信息技术的不断发展，奥运标志设计必然会取代奥运招贴海报，但这一特征依旧会成为宣传奥运会标志的辅助形式[1]。

（二）从招贴画向图标形式转变

从巴黎奥运会到罗马奥运会（1924—1960年），36年间全球共举办了10届奥运会，受到第二次世界大战的影响，第12届、13届奥运会未能如期举行。奥林匹克运动在第二次世界大战后才逐步走向正轨，重新恢复往日生机。随着人类社会的不断发展和信息时代到来，奥运会的传承和发展日趋完善，无论是宣传方式还是具体的活动形式均发生了翻天覆地的变化，这一时期的奥运会标志设计范式初步形成并得到快速发展。巴黎奥运会上，就已经出现了奥运会的徽章。然而，此届奥运会徽标不能被称为严格意义上的标志设计。但我们必须清醒地认识到，这一徽标的出现是现代奥运会会标的基础，拉开了奥林匹克徽标设计的序幕。

图标形式的标志设计充满了时代艺术审美的特征，让人耳目一新。与往届奥运会招贴画大篇幅的人物、文字和沉重的色彩相比，图标设计更为简洁，艺术美感更加突出，从而使奥运文化的阅读体验变得直观明了、轻松舒适。设计理念从繁到简的转变充分展现了时代理念的革新，奥运会图标设计开始将形式美作为创作的重要法则。

---

[1] 刘洪强：《奥运会标志设计的演变及发展趋势的研究》，硕士学位论文，江西师范大学，2015，第12页。

第一次世界大战后，全球工业化进程突飞猛进，生产力的变革带来了社会经济基础和物质条件的显著提升，物质的满足使人们的精神需求、价值追求和审美观念发生转变。在此背景下，奥运会亟须一个崭新的设计语言宣传、抚慰和抒发被战争压抑的情感思想，新的艺术流派应运而生，以满足人们的审美文化需求。第一次世界大战结束后的短短几十年间，整个世界多样的物质面貌、城市面貌、人们的精神追求为设计创造出快速转型的社会文化氛围，促使20世纪的设计发展迎来一次革命性转变。这一时期，欧洲包豪斯设计思想逐渐被设计界所认可，并逐渐发展成为当时的主流设计理念。

瓦尔特·格罗皮乌斯（Walter Gropius）在其设计过程中创造性地提出了"艺术与技术相统一"的设计理念，并以此为基础构建了一套更具理性思维的现代设计教育体系，强调各类艺术间的交流与对话，将科学的、逻辑的设计方法与艺术实践相结合，从而实现技术与艺术的统一、工艺与设计的统一。尤其是一系列新颖的建筑设计理念，更是对奥运会标志设计产生了深远的影响。正如我们所了解的那样，现代主义设计风格追求几何形体变化形式的丰富性，即按照特定的排列形式如重复、渐变、特异不断变化，从而增强设计艺术效果在视觉上的丰富性与独特性。这种理念出现在第9届阿姆斯特丹奥运会（1928年）的标志设计之中。作为奥运历史上最早的单一文字为主题的会徽标志设计方案，该方案由1928的数字和奥林匹克、阿姆斯特丹字母组合而成，色彩以黑白灰作为基底，特色鲜明、独具一格。字母设计上通过明暗对比凸显文字的视觉效果，平面结构中的点、线、面艺术元素合理搭配，简约又富有变化。该届奥运会的标志设计遵循了现代主义的设计风格，注重设计审美元素的充分应用及表达。

值得强调的是1932年举办的第10届洛杉矶奥运会会标，象征全球五大洲的奥运五环标志首次出现，蓝色代表欧洲、黄色代表亚洲、黑色代表非洲、绿色代表澳洲、红色代表美洲，五环相扣象征着全世界的运动员团结互助、公平竞争和共同参与的信念。从此以后，这一标志成为奥林匹克标识设计中不可或缺的文化符号，广泛应用于之后每一届奥运会的图标设计中。奥运五环不仅是奥林匹克运动会的重要标志，还是奥林匹克精神的具体文化形象，成为奥林匹克文化认同的一种象征性符号，有效地促进了人们对奥林匹克运动精神的理解[1]。

综上所述，这一时期的奥运会标志与上一时期奥运会标志有着很大不同。第一，设计形式上从传统固定的长方形招贴画转变成不规则、变化更为丰富的图标设计，拓展了奥运会标志文化的内容、形式及发展路径；第二，设计风格愈加简洁明

---

[1] 董娅娜：《历届奥运会标志设计风格的研究》，硕士学位论文，山西大学，2008，第1页。

了，注重在风格、整体造型上的概念抽象设计。正是从这一时期开始，奥运会的标志设计开始将多种文化元素融入其中，如图形、文字、色彩等，由此奠定了奥运会会标现代主义设计风格的基本形式，也使奥运会文化通过标志实现更好的宣传和推广成为可能，增强了人们对奥运会的文化价值认同。

（三）奥运会标志设计系统成熟

随着奥林匹克精神文化的快速发展和奥运会组织经验的持续积累，奥运会标志、会徽的设计逐渐规范。与此同时，奥林匹克运动也在积极带动人类物质文明与精神文明的不断进步，为世界各国和平发展贡献了积极力量。此时，奥运标志文化内涵得到扩充，要求其设计具有专业化、系统化和审美化的特征。受第二次世界大战影响，除了受影响相对较小的美国，欧洲和亚洲部分国家都受到了不同程度的重创。为快速恢复社会秩序重建家园，借助设计文化的传播优势引导社会发展走向、创造社会发展氛围、增强人民价值认同成为各国促进社会发展的重要方法路径。

20世纪60年代，各国工业化程度不断提升，以企业为主导的商业经济快速复苏，激烈的市场竞争致使20世纪初期席卷全球的现代主义风格设计日渐淡出了人们的视野。随着商业文化的日渐兴起，艺术设计语言产生了翻天覆地的改变，也在客观上推动着视觉形象设计日渐完善。

以下两点因素对于标志设计发展进入成熟期有着决定性的影响。其一，社会经济的迅猛发展对于标志设计的影响是根本性的，上层建筑的发展必然受到经济基础的决定性影响，当社会经济发展到一定阶段后，无论是社会组织还是意识形态都必然会与之相适应。生产力的不断发展，使科学技术的重要地位逐渐为人们所认识，也在客观上推动了设计语言的创新和突破。其二，现代信息技术的迅猛发展，使文化沟通、传播、推广与普及拥有了更为多元化的渠道。科技创新不仅直接为人们提供了更多的视觉审美选择，同时极大地丰富了人们的生产、生活方式，计算机在人类社会中发挥了重要的作用，人们在计算机辅助下学习和制作，它甚至代替人们进行设计工作[1]。

1964年第18届东京奥运会，由于日本在第二次世界大战后受到了国际社会的谴责，整个社会发展萧条，日本政府希冀借助奥运会宣传日本文化，提升日本在国际上的整体影响力，进而为日本社会文化转型提供必要的支持，有效地拉动本国经

---

[1] 刘洪强：《奥运会标志设计的演变及发展趋势的研究》，硕士学位论文，江西师范大学，2015，第15页。

济的发展。由此，日本东京奥运会的会标设计最终交由"现代设计之父"龟仓雄策负责。龟仓雄策数易其稿，最终将奥运会标设计主题确定为"东方的晨曦"。该设计方案既体现了奥运精神，也融入了日本本土文化元素，实现了奥运共性文化与日本特色文化的完美融合。战争结束后，日本不断吸收世界各国文化精粹，尤其是西方文化。由此，第18届东京奥运会标志设计参考了西方构成主义中简洁的几何图形与纵横线条元素风格并结合日本民族文化特征进行了调整。红日与金色五环形成了鲜明的对比，使该标志产生了强烈的视觉冲击，在吸引观者眼球的同时便于标志的识别和传播。东京奥运会标志设计具有一定的时代意义，其借鉴了美国企业形象设计的众多元素并创造性地引入了视觉形象设计系统。通过这种视觉形象系统的宣传与推广，奥运会标志不仅传播了日本的传统美学观念，还展现了日本的国家形象。

综上，相较于之前两个阶段，由于社会经济的发展和人们审美倾向的变化，这一阶段的奥林匹克的标志设计得到了更进一步的发展，表现手法以象征化、抽象化的风格为主，传统的写实手法开始淡出奥运会标志设计。与此同时，在这一阶段的发展中，视觉文化识别系统开始被引入奥运会的商业推广、运动项目之中。总的来说，此时奥运会标志设计无论是色彩表达还是传播方式都更为规范化、系统化，使奥运会参与人群队伍逐渐壮大，文化效果进一步提升，社会影响进一步扩大。

（四）奥运标志本土化创新时期

20世纪下半叶，奥运会标志设计进入一个崭新的历史发展阶段，即创新、开放和自由的时代。随着经济全球化的不断深入和信息科技的持续创新，奥运会标志设计在时代的背景下趋于国际化，图案设计的艺术语言及风格也更加开放、多元。这一时期，人类迎来了第二次科技革命，各种新技术、新媒介层出不穷，它们积极介入设计领域，促进了奥运会标志设计的快速发展。奥运会举办国也越来越重视发展与推广本土文化价值观念，奥运会宣传内容及形式愈发彰显民族优秀传统文化内涵。历史、政治、社会、经济、科学和文化等方面之间互相融合，开阔了人们的文化视野并为奥运会标志设计带来了更多的可能性。

在追求艺术的道路中，设计师们开始整合不同的设计风格，以寻求在视觉设计方面获得新的创意。1984洛杉矶奥运会开启了奥运商业化的运营模式，国际奥委会开始推崇奥林匹克精神符号形象的文化效益探索。奥运会标志设计逐渐从标志形象展示发展成为奥运品牌营销，从这一角度来说，其视觉形象价值定位已经发生了根本性的转变，奥运会标志视觉形象从此开始不仅带有经济属性，其本身更具有一定的精神符号价值。

奥运会举办地每四年进行一次评选，举办奥运会反映了一个国家政治、经济、文化的发展水平，不仅可以促进举办国社会经济发展，也为提高其国际影响力、构建良好国际关系搭建了良好平台。时至今日，奥运会已经成为全球范围内影响力最强的设计成果展示平台，设计创新不断，引领着现代标志设计发展的潮流，很多优秀的标志设计在社会各个领域有不同程度的反响。奥运会标志设计同样是传承和发扬奥林匹克精神、宣传奥运文化的重要渠道，向全世界传达永不放弃、奋勇向前的精神导向，以其五彩缤纷的视觉文化符号来满足和提升人们的精神文化需求。

在奥运会文化指导思想的引导与启发下，奥运会标志设计已经形成一套相对健全的管理体系，无论是标志形态设计还是视觉符号识别系统均由专业化的设计团队负责，以确保标志设计在高度精准地体现出奥运精神和举办国的民风民俗、地域文化的同时兼具时代特色，提供潜在的商业价值。随着奥运会从国际化、技术化到高度的理性化、商业化，标志设计的影响力与日俱增，也在客观上为奥运会标志设计赋予了更为浓厚的时代文化内涵，不仅凸显奥运精神和自己的设计理念，也显示出其在奥运文化体系中的必要性。奥运会商业活动彻底摆脱了以往作为奥运会附属活动的地位，转而成为一种和赛事内容同等重要的文化活动，视觉文化开始从多方面参与到奥运会的整体运作之中。

大量实践案例充分证明，奥运会标志的设计深受地域文化体系的影响。每一届奥运会的标志均有鲜明的地方文化特色，如伦敦奥运会的会标就创造性地采用了粉色、橙色、蓝色和绿色这四种颜色，根据不同场合需要，选择不同的颜色，展现了奥运会标志设计在使用方式与空间上的灵活性。将奥运五环和举办地伦敦的字母和2012年份数字相结合，简洁明了的同时，也更加国际化。颜色选择上，以大块的纯色为主，彰显了奥运的活力和激情，创新精神体现得淋漓尽致，在充分体现出奥林匹克精神内涵的同时，也令观众耳目一新。

价值理念的阐述始终是设计形式的直接来源，通过伦敦奥运会标志设计方案，可以发现文化多样性在设计中的重要价值。此届奥运会大量使用媒体网络和各种新兴技术，将奥运文化传递给每个人，并激励人们感受到赛场上的拼搏奋斗精神，同时促进了世界不同国家、民族之间在同一语境下的互动沟通。新的文化形式预示着新的文化意义：奥运会已突破了一种单纯象征意义运动形式的文化表达，回归本真，促进世界沟通，强化世界同为一家人的奥林匹克精神，共享奥运、共享运动的快乐，让奥运梦照进现实。

三、奥运会标志设计与本土文化承接

传承不守旧，创新不忘本，奥运会标志设计同样要注重本土文化元素的融入。只有通过保护与传承、发展与推广优秀传统文化，才能形成更具特色和时代精神的奥运会标志。奥运会举办至今，其标志设计的本土化特性也愈发明显。

（一）中国传统图形与标志设计相融

进入20世纪以后，随着全球化不断深入，设计潮流也在悄然发生变化。各种设计潮流相互融合并对传统设计理念形成碰撞并超越。20世纪80年代，中国逐步融入全球化体系，西方现代视觉文化开始快速涌入中国。受此影响，中国各领域开始重视品牌效应带来的经济上或文化上的效益，为标志设计奠定了良好的社会基础。20世纪90年代，我国开始在吸取借鉴西方设计理念的同时注重本土文化在设计中的应用，使西方文化与中国传统文化相结合，取得了一定成果，也推动了中国标志设计的进一步发展。对于中国的标志设计来说，其价值意义在于将本民族传统的文化元素结合在标志设计中，凸显本民族的文化特色，增强我国的文化软实力。

北京奥运会在申奥阶段就推出了类似于中国结的申奥标志，其颜色源自奥运五环，兼具力量美和韵律美，寓意着世界人民大团结。这一设计不仅生动形象，而且具有极强的民族性特征。会标"中国印·舞动的北京"同样延续了上中下三段的设计结构，红底白字的"京"字图形舞动，在外形上和汉字"文"高度相似，代表着设计中的中国传统文化意象；而下方的"Beijing2008"字样和奥运五环，共同组成了2008北京奥运会会徽，准确地表达了中华民族传统文化魅力——东方神韵，妙在写意。

北京奥运会会标设计中独一无二的中国元素，充分体现了中华优秀传统文化的魅力。"中国印·舞动的北京"的中国印上的笔画铿锵有力，形象生动，设计不仅充分体现出了中华民族深厚的文化底蕴，还将奥林匹克精神阐述得淋漓尽致。中国书法的魅力在竹简汉字笔体书写的"Beijing2008"中得到了诠释，不仅是我国传统印章文化发展轨迹的重要代表，同时也是中国古代中庸思想的重要阐述。外形的方形印章配合中国一贯始终的红色，赋予了中国印浓郁的中华传统文化魅力，展现对奥运的热情和期盼的同时，体现出中国沉稳大气的文化底蕴与大国风范。

北京作为五朝古都，拥有深厚的历史文化底蕴，拥有3000年的建城史，历史悠久广远，发展脉络清晰，文明连绵不断，沉淀着古老民族的艺术灵韵。同时，北京更是富有创新精神的国际性现代化大都市，北京奥运会会标的设计体现了传统与现代的完美结合。"中国印·舞动的北京"中的字形充满令人惊奇的多义性，和西方写实艺术手法相比，东方艺术形式在空间表达上更加灵活，古朴的印章篆刻艺术呈现了中国古代汉字的精髓，传统与现代的结合为动感的体育运动形象注入了历史的记忆。正因如此，"中国印·舞动的北京"才给人们创造出更大的想象空间和强大的艺术感染力。可以说，北京奥运标志采用了中国传统文化符号——印章作为标志性主体图案，将传承了千年的篆刻艺术和书法文化融入现代体育赛事符号之中并将博大精深的中华传统文化展示到世界面前，不仅展现了举办地的文化样貌，更表达了奥林匹克的伟大精神。用端庄大方的中国设计表达奥林匹克"运动与人"的主题，以四海欢腾的热闹场面打造八方迎客的中国形象。综合来看，中国印的标志设计表达了激昂、向上的体育精神，每一处细节设计都彰显着传统与现代相统一的审美观念。

北京奥运会标志评选参与者布雷德·科普兰德在众多的候选方案中最终选择了中国印的方案，盛赞其是最能代表中国文化的奥运标志设计。北京奥运会作为中国向世界展示实力的盛会，其标志的传播是世界性的：一方面，舞动的形象冲破了平面设计的呆板印象，产生了灵动的设计效果；另一方面，这一标志蕴含了众多的中国传统文化元素，包括汉字、篆刻、中国红等。在对这些中国元素的——挖掘中，让人们认识了一个更加立体的中国，进而产生对中国的神往，对于提升中国的国际影响力有着重要意义。

现代标志设计理念认为，标志的设计并非简单的图形拼凑，而是在遵循基本审美法则的基础上，通过丰富的构成形式，由文字、色彩、图形、空间的多维度探索进行抽象，从而达到以艺术形式来传递文化的目的。抽象化又称逻辑化，它具有一定意义和理论支撑而非无序的表达。现代标志设计的再创造，要求对传统元素的使用秉持严谨态度，从而诠释标志所需表述的中心思想，通过符号表现文化特征、深化文化意义，由此深刻地传递标志的文化意义，契合当前的时代审美要求并具有经典审美意趣。

（二）奥运标志设计与中西文化互融

2008年北京奥运会为我国体育文化发展带来了重大启示。回顾历史，体育活动在古代中国就已得到了重视和发展并形成了具有礼仪特征的体育文化系统。以孔子为代表的儒家学派提出以"礼"为主旨的体育活动思想观念，要求学生掌握射、御、书、数等技能，其中"射"和"御"即中国古代重要的体育运动项目。中国古代体育精神源于中华优秀传统文化中自强不息、厚德载物的精神，也说明在古代中国就已经将体育运动与精神文化紧密结合在一起。进入现代社会，开放的文化语境让我们有更多的机会接触与中华文化不同的其他文化，这为进一步丰富我国体育文化内涵，优化体育文化体系创造了条件。通过共时性的文化比较，发现不同体育文化之间的共性与差异，可以更客观地审视自己并找到进一步发展的突破口。所以说，跨文化的沟通是一个相互促进和影响的过程，世界文化正是在相互交流沟通中不断超越自我，而2008年北京奥运会会标的设计正体现了中西文化在体育维度的碰撞与融合。

21世纪伊始，中国的综合国力不断增强，经济总量增长，国际影响力全面提升，中国儒学、道家思想随即走向世界，受到了各国学者的关注。时代的发展要求我们深入探索与发掘中华优秀传统文化和现代体育运动的内在关联，同时要系统地研究奥林匹克精神符号对中华优秀传统体育文化的理论意义与现实价值。中西文化的交流融合为中华优秀传统文化的传承与保护、发展与推广提供了现实的参考。需要说明的是，过犹不及，全盘否定已有的文化体系是不可取的，只有在本民族优秀传统文化的基础上借鉴吸纳优秀外来文化精髓，才能更好地传承并弘扬中华优秀文化内涵，实现传统与现代、中国与西方的文化融合。可见，无论是奥运标志设计，还是各种活动，在与国际接轨的过程中，均要突出本国文化特色，以此更好地推动继承发展优秀传统文化。

现代奥运的发展受到世界各国人民热烈关注和追捧，使其成为各国文化交往、交流、交融的平台，为奥运会标志设计的创新与发展提供了更多的可能性和良好的价值空间。中国在举办北京2008年奥运会期间秉着创新精神，坚持与国际舞台接轨，在积极学习西方体育运动文化优势的同时，不断坚持弘扬中华优秀传统文化观念和体育精神。中华优秀传统体育文化精神在北京奥运会的举办过程中迎来了新的发展机遇，使世界人民感受到中华文化的魅力，也是中国传统文化现代化发展的一个重要里程碑。

虽然近几届奥运会标志在表现形式上更青睐简洁明了的设计风格，存在诸多的文化共性，但我们仍可以在设计语言中洞察东西方文化价值观念的差异。从配色方面来看，2008年北京奥运会会徽"中国印·舞动的北京"以红色为主，象征热烈及中国传统文化中的中国红；2012年伦敦奥运会会徽的数字变体包含了粉色、橙色、蓝色和绿色共四种颜色，象征活力、现代与灵活，具有英国文化特点。在设计理念上，北京奥运会会徽更注重传统文化特色，伦敦奥运会会徽更注重当代艺术设计的形式创新及色彩变化，会徽的表现形式上，前者设计采用大量圆润的弧线，而后者设计则更多地运用棱角分明的几何变体。

四、现当代奥运标志设计的发展趋势

迄今为止，全世界已举办33届奥运会。在漫长的奥运会发展过程中，随着人类文明的发展，文化与信息传播媒介不断地变化，奥运会文化同样发生了翻天覆地的变化。从纸张的发明到印刷术的革新，从书信的往来到无线电的普及，现如今信息化时代电视、网络等多媒体丰富着人们的生活，信息媒介的出现，对世界科技发展作出了卓越贡献，极大推动了文明的进程。信息时代的到来，促进了人们的生活、沟通方式的变革。在互联网的迅速发展下，全新的网络通信成为世界主流的信息沟通方式。网络通信突破经济、文化和地域的限制，让全球的联系更加紧密，信息的获取更加便捷。在此背景下，奥运会标志设计不断创新，充满了时代的气息，体现出当代技术和文化的融合。与此同时，奥运会标志设计的技术手段、语言风格、文化内涵和传播途径都在快速的现代化语境下实现了自我更新及超越。以往标志设计中的规则被突破，传统的符号指向被进一步解构，设计师们在特定的标志符号语言中发掘出了自然视觉的内在统一要素，这一过程不仅是图案内容研究的深化，还是标志设计技术的革新。在世纪的交替之时，人们感知到了具有逻辑性的视觉空间，被解构的标志设计向人们呈现了一个更加多彩且震撼的艺术世界。本土化文化因为能够彰显举办地的文化特点，呈现多样化世界文化而被重新关注，并在历届奥运会标志设计中广泛使用。

（一）民族化设计趋势

奥运会作为国际性的大型体育竞技活动，是构建良好国际关系，弘扬本国文化的重要契机，因此举办国对奥运会非常重视，怎样深刻地体现奥林匹克精神并突出主办国的特色，成为奥运标志设计的关键。在众多奥运会标志设计作品中，充满文化特色的设计通常最具代表性，各举办国在进行标志设计时，常会强调标志作品的差异性和国家特色，在有别于其他世界性体育赛事和往届奥运会标志设计风格的基础上，凸显本国人文特点，以展现出民族特色。其出发点在于向世界展示本国形象，传播国家民族文化，提升本国文化在全世界中的知名度和软实力。缘于此，设计出的具有丰富民族风格的奥运会标志,构成了奥运会视觉设计的重要趋势和风格标识。

视觉文化本土化除了体现奥运会标志设计,还包括奥运奖牌、吉祥物、场馆建筑、宣传海报、媒体宣传和体育赛事场馆等设计,几乎涵盖了奥林匹克文化的各个部分,贯穿整个奥运会过程。奥运会视觉文化中深刻地体现了地方文化理念,产生了以下积极意义:其一,对外具有本民族视觉形象特色的标志使人们眼前一亮,增加了人们视觉上的独特性和心理上的好奇性,这种新鲜感、特殊性、审美性提升了人群关注度,强化了举办国文化在国际社会的普及程度,进而提高其国际地位;其二,对内来讲,民族特色标志会增强国人的文化自信,产生强烈的亲近感,起到增强人民凝聚力的作用[1]。

奥运会视觉文化体现出共性与个性并存的特征。奥运会是世界性的文化活动,因此,其共性体现在奥林匹克运动的文化本质,精神内涵与世界人民的文化认同;世界是文化多样性的世界,因此,其多样性体现在举办国的民族性方面,以奥运会的世界多样性为背景,以举办国的民族文化为特色,结合本国国情设计出既具本国特色、又体现世界共性的标志。各国的设计师在为奥运会设计标志时,个人的设计理念尤为重要,设计师的国家意识和使命感,决定了在设计中会采用本民族、本地域特征的文化元素,达到向世界展示各自文化的目的。实现民族文化符号在表达形式、精神层次的契合。立足于此,设计者以其独特的艺术方式,挖掘不同的民族元素,产生了抽象化的艺术表达,为作品赋予了丰富的特征和内涵、意志和品质,并通过具象的物化形式来进行表达,如乡土风情、服饰造型和传统习俗等[2]。

在近几届奥运会标志设计中,本土化设计的特征愈发突出,如第19届、第25届、第27届、第29届、第32届奥运会的标志设计,均表现出极强的地域风格。以第19届墨西哥奥运会为例,其通过彩色电视技术来进行信息传播,突破了原本奥运会视觉形象的固有形象,迅速吸引全世界的关注,增加了传播速度及传播受众人群,全新的视觉形式丰富了人们对奥运会的视觉感官体验。但该届奥运会标志设计面临的一个重大挑战是如何表现墨西哥风格,为此,墨西哥专门成立设计小组,由奥运组委会、墨西哥和美国的三位艺术家共同组织完成。此次标志设计,以墨西哥的本民族特色为主要基调,创造性地使用了黑白两色,黑色墨西哥英文字母、奥运五环和阿拉伯数字交错,配合线圈及平行线条的组合如同运动场的跑道,体现了奥

---

[1] 张晓晴、梅蕾放:《现代奥运会标志设计本土文化意蕴解读》,《体育与科学》2002年第3期。
[2] 刘洪强:《奥运会标志设计的演变及发展趋势的研究》,硕士学位论文,江西师范大学,2015,第28页。

运会极具活力和动感的主题。标志中彩色的奥运五环相互重叠，其灵感源自古老的印第安文化元素，设计手法与传统的壁画图案如出一辙，表现了传统印第安文化的主要特征。该届奥运会标志在简洁的设计风格中蕴藏了丰富的地域文化内涵，让人耳目一新的同时又对墨西哥文化产生了强烈的印象。

中华民族优秀传统文化博大精深，各类优秀传统文化活动蕴含着丰富的历史记忆为第29届北京奥运会申奥标志、奥运会标志提供了丰富的资料，赋予了浓厚的中华优秀传统文化元素。奥运会会徽以中国印的形式进行艺术化的"京"字如舞者般灵动，其中国红的配色寓意吉祥、和谐、兴旺和勇敢，字形幻化成一个舞动的人，预示着永不言败的体育竞技精神。北京奥运会徽向世界传达了中华优秀传统文化的深厚底蕴，使各国运动员及游客更深刻地感受到中国人民的热情好客，并由此对中国书法、篆刻等文化产生了兴趣，为中华优秀传统文化的保护与传承、推广与发展打下了坚实的基础。

（二）多元化设计趋势

通过对近几届奥运会标志设计风格的探索，不难发现奥运会视域下国际文化交流日趋深广，从而对设计理念带来了深刻的影响。各国不同的文化体系，孕育出多元化的设计成果，推动着奥运会标志设计从单一走向多元，这体现在风格特征、语言形式、社会功能等方面的多元化，繁荣了设计体系，表现出其多角度、多层次、多领域、多功能的特点。这与现代语境下人们的多元文化生活样貌是分不开的，多元文化互动交流导致人们的社会生活趋向多元，不同人群对文化（物质文化与精神文化）需求不同，引导社会文化向多元方向发展，日益丰富人们当前的社会生活。

以往奥运会标志设计的内容多以运动主题、建筑文化、地图标识、举办时间等具象元素为主，其中尽管有一定的地域性特征，但仍然存在内容和形式单一的不足，产生了刻板形象并制约了信息的传播。而多元化的设计打破了以往相关设计的局限性。以1992年第25届巴塞罗那奥运会为例，其会标设计打破以往的固化模式，在标志设计文化内涵上寻求深刻表达，增强设计的生活化与趣味性，给人耳目一新的新鲜感。由此，一个国家所具有的民族特性，正是奥运会标志设计的思想之源，是体现奥运文化多样性和深刻性的重要标志。奥运会历史上也曾出现过现代文化与传统文化割裂造成的标志设计失败案例。由于过于排斥地方性传统文化，导致第16届墨尔本奥运会标志无法找到合适的文化定位，以地图和火炬为主要元素的设计缺乏新意和亮点，不能深入地挖掘地域文化的魅力。基于先前的经验，20世纪70年代后，澳大利亚政府开始重视本土文化并引导民众重视本土文化，此举为标志设计带来了新的灵感，也对设计界产生了深远的影响。这种影响体现在第27届悉尼奥运会的标志设计中，奥运会筹办初期，澳大利亚政府将西方文化和澳洲原有土著文化深度糅合，将悉尼歌剧院、回旋镖等传统元素运用到设计中，实现了奥运会视觉文化传统与现代的结合，这样的设计理念使标志设计识别度提升，利于民族文化传承和推广，使奥运会标志发展进入另一个广阔的空间。

在奥运会视觉文化设计方面，中国也在不断挖掘和汲取中华优秀传统文化养分，同时契合时代的发展，打造丰富、有魅力的新时期中华民族精神符号。中国传统建筑符号设计多运用长城、天坛、天安门等元素，但在日益开放、多元的世界环境下，设计师们已不再满足传统的视觉审美样式，开始追求文化的多元性、趣味性、审美性和地域性，从多维度表达中国厚重的文化底蕴和富有现代气息的文化样貌。在时代大跨步的今天，人们需要更多的多元化设计充实人们的生活。在奥运会等体育赛事的标志设计上，更应该考虑多元的文化样貌。

（三）多维化设计趋势

传统的奥运会标志设计中，二维或者静态三维是最为常见的设计方式。然而，随着社会经济的持续发展和人民群众审美能力的提升，多维度、多层次的奥运会标志设计日渐成为主流。受到技术、观念局限于二维空间的传统标志设计模式极大地限制了设计的发展空间，但科学技术的进步、网络信息的大量介入，大大拓展了标志设计的发展空间与发展路径。其原因有二：第一，网络技术与信息技术的发展，促进广播、电视、5G等网络信息媒介大量使用，它们具有传播信息快、效率高、效果好等优点，能够融合文字、图像、声音在内的多种设计要素，形成更为丰富的感官体验，同时可以通过虚拟现实技术的运用带来更为出色的表现力。信息时代的到来不仅在客观上改变了人们的生产、生活方式，也使人们的娱乐、审美方式发生了不可小觑的改变。第二，大数据技术的广泛应用，使时代的发展速度不断加快，创造性思维的重要性不断提升，为人类的生活提供了更多的选择，这种多维度体现在奥运会标志的设计中，主要表现为设计理念的多维化发展。数字技术的不断发展，赋予奥运会标志设计以更多的内涵和外延，突破了平面设计的局限，体现出文化传播与阐释的多元属性。因此，多维化的设计理念是奥运会标志设计方案得以产生一系列新视觉感受的基础所在。一方面，要从传统二维的标志设计束缚中摆脱出来，引入更多的动态符号来拓展其表现形式；另一方面，多维度的造型设计能够赋予标志设计以层次感。质言之，只有从多维度思考设计理念，设计作品才能满足如今多维化的生活需求。

如何使奥运会标志设计形态呈现多维化并尽可能受到社会大众欢迎是首要议题。第一，要从实际设计需求角度出发，尽可能降低标记材料的使用，避免出现繁复的图形，通过点、线、面的灵活组合来达到类似的表达效果。第二，要尽可能使用多维度的表达，充分调动多种感官以加深记忆。第三，要从设计目标出发，尽可能使用直观形态以强化记忆。这些方法在实际的应用过程中，均能够在不同程度上让会标设计变得更为动态化、多元化，以较好地迎合当下奥运会标志的设计理念。信息时代的到来意味着奥运会标志的设计必然朝着多维的方向发展，定要将更多的感官体验囊括其中❶。

奥运会标志设计表现方法的动态延伸，需要通过设计元素中点、线、面的巧妙排列组合，在秩序中寻找变化的丰富性。配合文字、图形、色彩等设计元素，在设计元素与构成中寻找美的规律。较为典型的是悉尼和北京两届奥运会，二者均以抽象性文化符号作为标志，给人视觉带来韵律感。光影效果的灵活应用让标志与众不同，实现了静态转换为动态的感官体验：1972年的第20届慕尼黑奥运会，设计师利用线条的渐变使静态的奥运标志呈现出动态的视觉体验，给人们带来活力动感的多层次体验；1988年第24届汉城奥运会标志设计同样采用了视觉和色彩的感知，以旋转的三原色条纹呈现动态的视觉体验。此类设计手法演绎了静态图案的动态之美，在平面的二维空间中变幻出三维的视觉效果并产生了强烈的视觉冲击，不仅激发了人们的想象空间，还能在片刻间给人留下深刻的印象。

奥运会标志随着社会的变化而变化，信息技术的进步为艺术创作提供了更多的可能性，而艺术的变化也给人们的生活带来了改变。人们开始在奥运会标志设计上追求一种全新的具有动态且多维的设计方式，加入更多具有生命力的构成元素，让标志设计在应用中具有动态之美、时代之美。

五、冬季奥运会会徽内涵及其功能

熊斗寅认为奥运文化由狭义和广义的概念构成，前者特指奥林匹克及其精神紧密关联的文化艺术行为与视觉符号象征，通常表现为奥林匹克大众传播活动、奥运会的开幕闭幕式、奥运会举办期间的各种文艺演出、交流会等；后者较为宽泛，表

---

❶ 刘洪强：《奥运会标志设计的演变及发展趋势的研究》，硕士学位论文，江西师范大学，2015，第7页。

现形式也更为多样，以奥运会标志、奖牌、会徽、会旗、火炬、吉祥物等为代表。由此可见，冬奥会会徽属于狭义奥林匹克文化中的重要组成部分。

冬奥会会徽蕴含着丰富的文化意涵。它以艺术表现形式呈现出奥林匹克文化内涵及其精神实质。冬奥会会徽是奥运文化和举办国民族文化的有机结合，是体育和地域文化完美互动的艺术结果。各届冬奥会举办国都高度关注会徽的相关设计，力求让世界更多国家从视觉上感受到本国的冬季文化样貌，获得全新的艺术感官。作为冬奥会精神形象的文化标识，会徽从视觉形象上成了冬奥会的文化标识。从文化视角来设计并解读冬奥会会徽，这一做法本身就彰显了人们对奥林匹克运动精神的执着，是人类对与自身发展密切关联的物质与精神价值的认同。

2022年北京冬奥会从三方面突出申办理念，即"以运动员为中心""可持续发展""节俭办赛"，其根源肇基于中国特色社会主义文化内涵对奥林匹克运动精神的诠释。首先，"以运动员为中心"的理念继承和发展了北京2008年夏季奥运会人文奥运的理念，坚持以运动员为中心并提供优质服务以确保参赛者在比赛期间表现出最佳状态，诠释了体育运动与人文精神的内在关系。其次，"可持续发展"理念是中国积极推动冰雪运动及相关产业良性发展的伟大愿景，一方面，以往冬奥会举办地多在欧美各国，第一次选择在发展中国家举办冬奥会，充分体现了冬奥会发展的可持续性；另一方面，选择中国这样的人口大国作为举办国，在很大程度上有助于扩大冰雪运动的影响范围和受众人群，实现冰雪运动在全球的推广与普及。最后，秉承绿色奥运的理念，北京2008年奥运会闭幕后保留了大多数的体育场馆和配套设施，其中部分场馆在基础设施改造完成后达到了冰雪运动项目的要求，这也符合了冬奥会"节俭办赛"的申办理念，从而减少了冬奥会的成本投入。2022年北京冬奥会将绿色、共享、开放和廉洁的理念融入各项筹办环节，努力实现精彩、非凡、卓越的办赛目标，北京冬奥会的成功举办已然成为奥运会改革的先行者和实践者。

随着时代的迭代更新，奥林匹克精神始终是冬奥会会徽设计的核心内涵，吸引感官的外在设计与人文精神的内在意蕴共同表达冬奥会会徽的设计历程。冬奥会会徽已然被视为艺术之美的产物，会徽的价值在于要将其所蕴含的精神内涵通过艺术形式展现出来。冬奥会会徽的现实意义及功能价值主要表现在展示地域文化的特征，凸显冬奥文化；塑造城市形象，提高国家声望；凝聚民族精神，彰显文化底蕴；发扬体育精神，呼吁世界和平；引领时代潮流，开创设计新篇五个维度[1]。由此，冬奥会会徽不仅表现了体育的精神、文化的底蕴和艺术的魅力，还彰显了举办国的经济实力与文化观念。

---

[1] 黄二青：《图像学视域下的冬奥会会徽研究》，硕士学位论文，安徽师范大学，2017，第35-39页。

（一）展示地域特征，凸显冬奥文化

冬奥会会徽的设计虽然以奥林匹克文化内涵作为价值导向，但也离不开地域文化的融入，以凸显其文化的包容性及多样性。所以，冬奥会会徽是奥林匹克文化、地域文化、艺术审美文化相互交叉融合得到的结果。地域文化通常包含三个方面，一是地域景观文化，包括自然风光、地域建筑等；二是地域传统文化、民俗生活等相关的文化元素；三是地域文化的象征文化元素，如色彩、线条、形状等。冬奥会是季节性体育赛事，除社会经济实力外，还对举办国地理位置、生态气候等自然环境有着一定的要求，只有具备特定自然环境的国家才有条件申办。这些国家通常位于高海拔、高纬度地区，其季节特征表现为冬季时间较长、降雪量较大和气温变化较小等。

截至目前，已有13个国家成功地举办了共24届冬奥会。其中，德国、法国、意大利、奥地利和瑞士五国是举办频次较高的国家，前后共举办过10届冬奥会，这些国家本身有着较强的地域优势。可见，拥有得天独厚的地理和生态环境的阿尔卑斯山脉为推动冬奥会历史发展提供了基础条件。受地理环境与生态气候影响，举办冬奥会的国家数量明显少于举办夏季奥运会的国家，一些冬季项目对设施有特殊要求，没有较大规模的户外冰雪场地便无法满足比赛需求。

1936年德国加尔米施－帕滕基兴和1956年意大利科蒂纳丹佩佐两届冬奥会均选择了以阿尔卑斯山脉作为主题的会徽设计。从微观来看，二者有一定的区别，分别以楚格峰和科多洛米蒂山区为背景（图1-1、图1-2）。2010年加拿大温哥华冬奥会会徽形状独特，由五块颜色各异的石头组成几何人形，象征友好迎来各方宾

图1-1　1936年德国加尔米施－帕滕基兴
冬奥会会徽

图1-2　1956年意大利科蒂纳丹佩佐
冬奥会会徽

客，其名称"伊拉纳克"因纽特语意为朋友，整体造型源于加拿大北部因纽特人用来做路标和纪念物的巨型石刻。标志设计由一块绿色石头、两块蓝色石头、一块红色石头和一块黄色石头组成，其中绿色、深蓝色和天蓝色具有象征意义，即绿色和蓝色对应温哥华沿海的森林、山地、岛屿，红色对应加拿大枫叶，黄色对应温哥华的夕阳，五色正好与奥运五环颜色一一对应，突出表达了团结、和平、友谊、热情与力量等宝贵的奥运精神（图1-3）。

图1-3 2010年加拿大温哥华冬奥会会徽

冬奥会会徽作为世界性公共文化符号，其设计元素一般选取举办国典型的地域文化，无论是白雪皑皑、常年冷冬的阿尔卑斯山脉，还是有地方特色的居住地，均能够通过冬奥会会徽的文化传播快速提升举办国在世界范围内的知名度，吸引世界各地的游客去领略它美妙的风光，进而推动相关城市乃至整个国家旅游业的发展，带动地区经济发展，为社会进步带来机遇。清新冷冽的空气、横亘矗立的山峰、蜿蜒曲折的赛道和缕缕而行的冰雪运动爱好者，都可以作为冬奥会会徽设计的素材和吸引广大游客的文化名片。

（二）塑造城市形象，提高国家声望

冬奥会会徽设计也是凝练城市价值和塑造城市形象的重要路径，往届冬奥会很多举办国将城市形象作为会徽设计的主要内容，展示城市发展理念和核心价值观念，标志设计成为向全球观众彰显主办城市独特印象的"代言人"。城市形象类的冬奥会会徽，一般是将城市形象、城市名称、冬奥文化符号、举办时间和冬奥会届数有机统一起来，艺术家将这些元素抽象成符号并使用在媒体宣传、海报、场馆布置、服装造型、奖杯奖牌、纪念品等相关物品及各项活动中。冬奥会会徽的传播能够激发观众对奥运会举办地的好奇心，吸引来自世界各地的人。冬奥会的举办也将带动城市的发展，推动城市文明建设、加强城市基础设施建设、优化城市发展格局，提升市民生活幸福指数。

1952年挪威奥斯陆冬奥会会徽的背景是城市地标性建筑奥斯陆新市政厅，设计者希冀将这座城市的剪影借助冬奥盛会带去世界各国（图1-4）。1994年挪威利勒哈默尔冬奥会会徽的设计者别出心裁，为会徽注入了两种内涵：来自北极之地的雪白线条传递了"通往北方的路"的含义；白色的线条象征美丽的北极光，代表了主办国的地理方位及自然特征（图1-5）。以上两届会徽设计中均融入了举办地的代表性元素，将城市的环境及特色体现在会徽上，成为完美的城市宣传名片。

1964年奥地利因斯布鲁克冬奥会和1968年法国格勒诺布尔冬奥会，都将冬奥会会徽与各自城市市徽融合，呈现出举办地的文化特色及精神内涵（图1-6、图1-7）。2002年美国盐湖城冬奥会会徽由橙、黄、蓝三种颜色打造而成，对比鲜明的明亮色彩，从视觉上迅速将观众带到了犹他州独特的地域景观，即沙漠、高山和盐湖并存

图1-4　1952年挪威奥斯陆冬奥会会徽 　　　图1-5　1994年挪威利勒哈默尔冬奥会会徽

图1-6　1964年奥地利因斯布鲁克冬奥会会徽 　图1-7　1968年法国格勒诺布尔冬奥会会徽

的自然景象；几何图案构成的雪花，意味着印第安人聚居区多元文化的交汇，这一设计更代表了"竞争""文化""勇气"的主题和"勇于挑战""超越自我""迎难而上"的精神（图1-8）。

冬奥会会徽设计将城市文化作为表达对象，展现了人类历史发展过程中的文化自信。自信的力量源于古老城市的深厚历史文化底蕴和代表人类文明进步的新生代城市文明。独具特色的风情市徽、高耸挺拔的城市地标、宏伟壮丽的自然景观、底蕴深厚的人

图1-8 2002年美国盐湖城冬奥会会徽

文内涵均展现了地域文化的魅力。冬奥会的举办很大程度上是对一个国家综合实力的认可，代表了政治、经济、文化等方面的国际地位，而会徽设计好坏也事关冬奥会的形象。好的会徽设计可以成为世界不同文化交流互动的文化联结，促进举办国国家形象或举办城市形象的建构，促进社会经济文化发展。所以，一个优秀的冬奥会会徽不仅有助于打造城市良好的对外形象，更有助于提升国家的国际影响力。

（三）凝聚民族精神，彰显文化底蕴

冬奥会会徽是人们了解冬奥会文化的一种主要途径，也是艺术化表达奥林匹克精神的重要方式，更是举办国宣扬本民族物质与精神文化的绝佳路径。冬奥会会徽设计以民族文化为灵感来源，饱含着人们对民族文化的认同感和归属感，也是展现举办国民族文化的重要契机。因此，每届冬奥会主办国都极为重视民族文化在冬奥会视觉文化中的融合。带有民族文化特色的标志设计利于增强举办国的国家认同、文化认同和民族认同，凝聚民族力量，提升民族自信心与自豪感。因此，冬奥会会徽也可以被视为民族精神的符号象征，促使世界形成对举办国文化的认同和举办国国内对民族精神的传承与弘扬。缘于此，冬奥会会徽设计元素经常会选择象征举办国的文化元素，如国旗、标志性建筑、代表性的自然地貌、体现国家民族的象征性颜色等。

1948年瑞士圣莫里茨冬奥会会徽中将瑞士国旗作为主要设计创作元素，凸显国家形象象征符号的文化作用，以此增强国民的国家认同感与凝聚力，以雪山作为背景要素，从视觉上给人以冰雪运动的冲击感（图1-9）。1988年加拿大卡尔加里冬奥会中首次使用了计算机控制的人工造雪技术，其设计融合了代表加拿大的枫叶元素。图案中的字母C是加拿大与卡尔加里名称的缩写，字母变化相交则象征着团结、智

慧和勤劳的加拿大的人民（图1-10）。

安托内利尖塔（Mole Antonelliana）是意大利都灵最负盛名的建筑，是十九世纪全球最高建筑物，现为意大利国家电影博物馆。2006年意大利都灵冬奥会会徽将安托内利尖塔融入会徽设计，尖塔演变成冰雪构成的山峰，让人产生近似于网状的抽象视觉，不仅象征着意大利民族不屈不挠、勇往直前的民族精神，还蕴含着全世界人民大团结这一永恒的奥林匹克主题（图1-11）。2018年韩国平昌冬奥会会徽采用了代表东、南、中、西、北的五方色（青、赤、黄、白、黑），将五种传统色彩广泛运用于服饰、典礼、建筑、造型和饮食文化等日常生活，其与奥运五环色系相同，代表全球各国民众共聚一堂共襄盛举、共享奥运精神的美好愿景（图1-12）。

1984年南斯拉夫萨拉热窝冬奥会将会徽设计为抽象的雪花，由当地赫赫有名的传统刺绣图案变化而成，设计师从融合视角出发，把两者有机结合起来，主体取自前南斯拉夫的红色国旗，传递了南斯拉夫人民对冬奥会的热情（图1-13）。由此，

图1-9　1948年瑞士圣莫里茨冬奥会会徽

图1-10　1988年加拿大卡尔加里冬奥会会徽

图1-11　2006年意大利都灵冬奥会会徽

图1-12　2018年韩国平昌冬奥会会徽

无论是瑞士灵动飘逸的十字旗、加拿大优美的红色枫叶、意大利极具代表性的建筑物，还是韩国鲜明的文字符号、南斯拉夫传统的刺绣图案，无不彰显了传统民族文化在冬奥会会徽设计中的重要作用，民族文化也为冬奥会会徽设计带来了源源不断的文化给养，设计师们在方寸之间呈现出匠心与创意思维，把民族文化与现代艺术设计充分融合起来，创作了举世瞩目的奥运会会徽。

图1-13 1984年南斯拉夫萨拉热窝冬奥会会徽

（四）发扬体育精神，呼吁世界和平

奥运会传递的深层内涵是把永不言败的体育精神、生生不息的民族精神、爱好和平的国际主义精神传播到世界各个角落，为人类的交往、交流、交融搭建桥梁，维护和平发展的大局，助力全球各国和平相处、共同发展。这不仅象征着最为崇高的奥林匹克精神，更代表了体育人的至高理想。

1924年夏慕尼冬奥会会徽设计过程中，法国牢牢把握住举办第一届冬奥会的契机，致力于要将和平共处的发展理念在世界舞台上推广传播，会徽上描绘了一只雄鹰飞翔天空并将和平的橄榄枝带向人间的画面，地面雪橇上的五名运动员齐心协力地向前行进，代表着英勇团结、不畏困难、使命必达的奥林匹克精神在五大洲人民的心中生根发芽、开花结果（图1-14）。1980年美国普莱西德湖冬奥会会徽旨在人类共同生存的地球上，把冬奥会的举办视为普莱西德湖的荣耀，将城市荣光照亮世界，也让这座城市在冬奥会的历史上留下浓墨重彩的一笔（图1-15）。会徽上的

图1-14 1924年法国夏慕尼冬奥会会徽　　图1-15 1980年美国普莱西德湖冬奥会会徽

石柱源自希腊神殿，旁边是古奥林匹克的圣地，两者代表了奥林匹克精神的传承。冬奥会的举办为世界各国的人们带来了和平、希望和对未来美好生活的愿景，因此，冬奥运动和冬奥精神必将受到世界人民的传承、保护、推广与发展。

1992年法国阿尔贝维尔冬奥会会徽的主体是滑雪中的圣火，其背景的线条为抽象化的山脉形象。奥运会的圣火传递工作是每一届奥运会开始前的重要预备工作之一，灵动的圣火象征着光明、和平、团结、友谊和正义，象征着奥运拼搏向上的精神，借助冰雪运动为奥运精神的传播提供新的路径，让奥运圣火成为全球各地人民群众沟通和交流的纽带，享受冰雪运动所带来竞技体验的同时，传承发扬奥林匹克精神，共享圣火传递带来的喜悦，感受竞技运动带来的温暖与快乐（图1-16）。

1998年日本长野冬奥会会徽为"五彩的雪花"，其由六色花瓣组成，分别象征着不同项目的运动员。花的图案不仅展现了长野县优美的环境，还体现出世界五大洲共享的奥林匹克价值观念。五个运动员向心而聚代表了团结的理念，滑雪运动员在其中体现着奥运会追求更快、更高、更强的精神，橄榄枝传达了追求和平的美好期许（图1-17）。作为奥林匹克精神的符号象征，奥运会会徽不仅肩负着体育精神的传播责任，还承载着对体育精神不懈的追求。冬奥会会徽见证了奥林匹克精神文化在冬季的发展与变迁，是和平、公正、团结和友谊等体育精神的传播者，更是崇高体育精神的捍卫者。

图1-16　1992年法国阿尔贝维尔冬奥会会徽　　图1-17　1998年日本长野冬奥会会徽

（五）引领时代潮流，开创设计新篇

冬奥会同样是展现奥林匹克精神的渠道，而会徽设计始终站在时代发展的前沿。每届冬奥会会徽设计都会吸引世界顶尖设计师参与其中，他们从不同角度，以不同形式阐述着对时代的文化感知。由此，会徽的视觉形象设计一方面是艺术家们创作沟通的重要媒介，另一方面反映了时代文化的发展水平和美学观念。将奥运会会徽视为引领时代风尚的象征成了每位设计师在创作时考虑的首要因素。

  1948年因第二次世界大战而中断12年之久的冬奥圣火被重新点燃，第5届冬奥会再次在瑞士圣莫里茨举办。此届冬奥会是冬奥时代的开创者，会徽设计具有非凡的意义，内容形式更加独特并承载了深厚的文化内涵：赛道如同冬奥太阳散发出的光芒，将遭受战争之苦的人们引入光明（图1-18）。奥运会会徽设计的差异性体现在政治、经济和文化等方面，第二次世界大战使世界各国人民的精神、心灵和生活等方面遭受重大的打击，世界各国政府纷纷希冀打破困局，在致力于改善本国经济的同时，通过文化手段抚慰本国民众的心灵。因此，会徽选择光芒四射、希望无限的太阳，唤醒民众心中的炙热。1972年日本札幌冬奥会所采用的会徽创造性地引入了上中下三段式设计（图1-19）。在此之后，冬奥会会徽设计普遍采用此类布局，

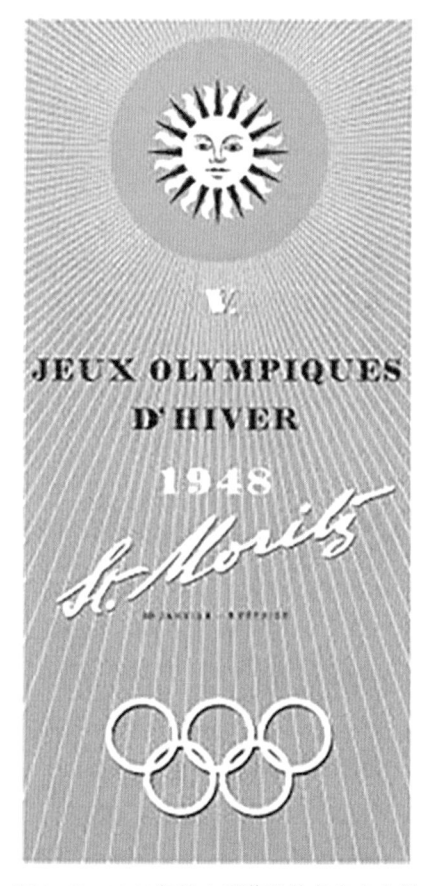

图1-18　1948年瑞士圣莫里茨冬奥会会徽 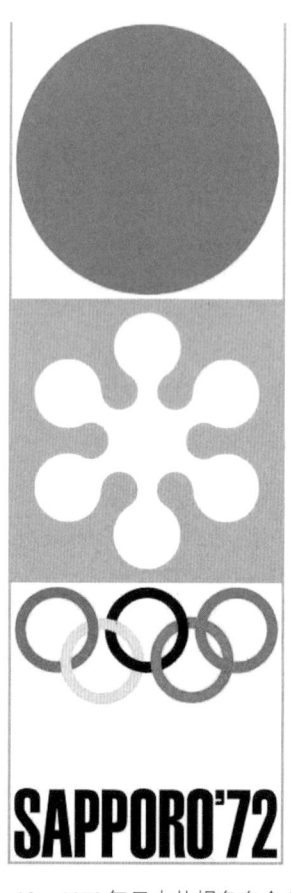　　图1-19　1972年日本札幌冬奥会会徽

三段式设计让时间、地点和主题汇集在同一平面内，让人一目了然❶。

2014年俄罗斯索契冬奥会会徽采用了前所未有的分散设计理念，形成了一个更具现代感的设计图案，简洁大方，造型、结构、色彩变化丰富，设计形式焕然一新（图1-20）。俄罗斯索契冬奥会会徽采用蓝色圆形小写字体，除奥运五环外再没有其他图形，这是奥运会主办城市标志首次将国际域名作为图案的一部分，会徽颜色使用了俄罗斯国旗上的颜色。

图1-20　2014年俄罗斯索契冬奥会会徽

可见，无论是日本札幌冬奥会会徽新颖的形式，还是俄罗斯索契冬奥会会徽别具一格的分散设计，都充分展现出人类社会不断发展过程中艺术审美文化的变迁，这是时代逻辑的必然。设计本身就是站在时代前沿的文化范式，这就要求冬奥会会徽设计者一方面需要紧跟时代的步伐，另一方面也要有超越时代的视野。这样才能够设计出更为符合冬奥会这一世界体育盛会精神需求的作品，从而更好地宣扬冬奥文化、奥运精神和体育精神，并引领时代发展。

六、小结

奥运会标志不仅是举办地文化传播的重要符号，更是奥林匹克精神文化的重要载体。奥运会标志的设计的发展史充分展现了社会发展的进步性，是世界各国奥运文化不断发展的重要成果。通过对奥林匹克运动标志设计的梳理分析，我们可以发现，标志设计在奥运会等大型体育文化赛事上的关键作用，它的意义已超越设计本身，在宣传世界和平发展理念，促进世界不同文化交流互动；打造新的城市形象，汇聚民心、凝聚民意，延续文脉以汇聚民族精神；引领时代潮流，推动社会发展等方面有着积极效应。

从艺术风格的演变角度看，奥运会标志设计风格样貌的发展与所处时代背景息息相关，既是时代发展的产物，也体现了时代发展的文化特征。从功能角度看，标志设计的首要任务是具有高度的识别性、文化的传播性、文化的阐释性，上述的功

---

❶ 黄二青：《图像学视域下的冬奥会会徽研究》，硕士学位论文，安徽师范大学，2017，第39页。

能属性，决定了标志设计简洁、鲜明、时代感强的艺术风格，设计师需要对设计内容、图形、色彩等进行综合布局设计，从而达到奥林匹克、标志设计与时代需求的有机统一。

不同的时代有不同的文化诉求，这就要求标志设计具有时代感的价值导向，从而衍生出与不同时代相对应的文化风貌。时代的更迭发展，促使人们的文化需求不断发生变化，也促使标志设计从诞生、发展、成熟到超越的时代演变路线，设计风格也从单一走向多元。尽管时代快速发展，但作为文化本源的民族文化依然保持住了其在标志设计中的稳固地位，并且愈发重要，标志设计的传统与现代结合成为必然。是以，奥运会标志设计既体现了奥林匹克的文化共性，又彰显了世界文化的多样性，还呈现了人类文明在发展过程中的自然生态观念和以人为本的设计理念。

第二章

冬奥会场馆设计与国家形象建构

《和谐——梦之律动》 水彩 85cm×115cm 2019年 郭世杰

冬奥会作为国际大型运动会，举办冬奥会对各主办国来说是一个构建和展示良好国家形象的重要契机，由此，各主办国对冬奥场馆设计也提出了更高的标准和要求。在冬奥会场馆设计中，各主办国将各自国家最具有代表性的文化元素、建筑造型和材料应用于现代场馆设计之中，创造出具有本国文化特色的冬奥体育场馆建筑，以优质的品质和具有高识别度的场馆来实现国家形象的构建。冬奥会作为一项与夏季奥运会同等级的赛事，是国际社会对主办国在经济、文化和国力等方面的认可，同时可以在国际上展示主办国的国家风采、文化底蕴和发展成就，对于国家形象的构建与提升具有重要作用。此外，对国家未来经济发展的影响也不可估量。世界各国在冬奥会场馆的设计上都有自己独特的优点与特色。以2022年北京冬奥会场馆设计为例，场馆设计很好地体现了中国较强的综合国力和深厚的文化底蕴，也为中国后续大型赛事的成功举办积累了场馆设计经验。

当进入一个陌生的环境，场馆设计就会成为人们最先关注的重点，故场馆设计起着举足轻重的作用。首先，场馆设计在外观上向世界各国观众展示了本国的文化。其次，它通过精巧的设计向来自世界各国的观众展示了富有艺术性和文化性的语言，使其多样的文化精神得以传播。人们对体育场馆的第一印象几乎决定了对主办方国家形象的印象。冬奥会赛事离不开场馆，特殊赛事的场馆设计首先要注重其功能性，即以受众需求为第一要素。一个好的冬奥体育场馆设计如同一张名片，能令人迅速联想到该国的文化意象。再次，注重设计美观与创意，需要将整体文化与周围环境相协调、与赛事主题相契合。最后，注重与本国文化的结合，弘扬主办国文化理念的同时构建国家形象。我们所关注的重点，是冬奥会场馆设计如何将代表元素与国家形象关联并将文化融入其中，通过冬奥会这一大型国际活动作为传播平台，由冬奥场馆设计实现该国国家形象的构建。

一、冬季奥运会与国家形象建构

随着世界经济的飞速发展，各国综合国力不断提升，申办冬奥会等国际大型体育赛事逐渐成为一种展现主办国综合国力的重要方式。与此同时，世界各国顶尖运动员、全球观众与各大媒体汇聚一堂，以不同的角色参与到各大赛事当中，感受主办国的文化面貌。故此，举办冬奥会对各主办国来说是一次在世界奥运史上展现的机会，对主办国城市和社会经济发展起着重要的作用。冬奥会在带动经济飞速发展的同时，也为各国在国际形象的构建上提供了契机。在比赛前首先映入观众眼帘的是冬奥会场馆的外观设计。优秀的设计理念、地域文化特色、高质量的设计可以影响国内外观众对主办国国家形象的印象及评价。国家形象是一个国家国际地位和影响力的重要体现，是综合国力的重要组成部分，是国家的无形资产。优秀的冬奥会场馆设计能提升并传播国家形象，且具有较强的实用功能，是各国推进冬季运动的基础保障。

北京作为中国举办冬奥会的城市，必定重视场馆设计与国家形象的融合，从而让世界更好地了解到中国文化。中国在冬奥会场馆设计中巧妙地融入"如意""龙"和"飞天"等中国传统文化元素，并将这些元素融入外形设计中达到完美的契合，在构建中国美好国家形象同时，给世界各国人民留下了深刻的中国印象。与此同时，北京冬奥会确立了"可持续发展""节俭办赛"的环保理念，中国在实际行动上又为世界冬奥会场馆设计提供了有益参考。首钢滑雪大跳台这一冬奥场馆是在废旧工业遗址上建立的，并且在冬奥会结束后继续以主题公园的形式存在，促进冬奥场馆的可持续性发展。其中，国家体育总局负责运营方的管理，将场馆局部改造后对外招租，主要运营项目包括商铺出租、场地出租等。这与以往冬奥会举办国在赛后将滑雪跳台拆除的行为不同。在"雪如意"场馆建设时还考虑到"环保"，最大限度减少因场馆建设对当地原有生态环境造成的破坏，使冬奥会场馆建筑实现视觉与生态可持续发展的完美统一。

毫无疑问，北京冬奥会在场馆设计与国家形象构建方面是一次成功的"中国方案"。一方面，过往冬奥会场馆设计所展现出各具特色的方式值得我们研究和学习，实现了冬奥场馆建设的中西结合；另一方面，作为世界大国，我们也要承担起大国责任与担当，为今后举办更多大型国际体育赛事积累经验、树立先进理念，通过冬奥赛场来提升中国的国际影响力和话语权。

（一）冬季奥运会发展历程

国际奥林匹克运动最早源自希腊，由举办地点名称而得名。公元前776年第一届古代奥运会举行，此后每四年举行一次，直到公元394年共经历过293届。现代意义上的奥林匹克运动会于1883年创立，在顾拜旦等人的努力下，1894年6月23日国际奥林匹克委员会正式成立。全球首部《奥林匹克宪章》(以下简称《宪章》)于1894年6月公开发表并强调奥林匹克运动是非商业性的："奥运会只为优胜者提供荣誉性质的奖项，不得提供任何物质奖励、金钱奖励。"❶《宪章》中明确规定，奥

---

❶ 马宣建：《论〈奥林匹克宪章〉》，《上海体育学院学报》，1993年第1期。

林匹克运动的宗旨是传达奥林匹克精神，通过举办一系列公平、平等、团结并具有竞争精神的体育活动，教育世界各国青少年，共同为创建和谐、美好、和平的世界而努力。纵观现代奥运会的发展历程，历届奥运会举办国通过精心筹备与大力宣传，使奥运会逐渐从关注度较小的体育文化活动发展成受到全世界关注的世界性体育文化活动，其文化意义超越了体育范畴。可以说，现代奥运会从诞生起就已超越纯粹的体育范畴，"这一重大的国际性活动将众多信息源汇聚到一起，在特定的时期吸引全球范围的目光，对主办国国家形象塑造与传播有着重要的影响，主办国基本会利用这一机会影响世界舆论，提升本国形象"❶。

冬季奥运会继夏季奥运会之后诞生，初期规模和水平远不及夏季奥运会。随着世界各国对冰雪运动事业的重视，冬奥运所具有的政治功能、文化功能日益显现，加之冬季体育运动项目的快速发展和普及，世界各国对冬奥会的关注逐渐加强，冬季奥运会规模逐渐扩大。虽然冬季奥运会与夏季奥运会是奥林匹克运动会的两个赛系，但由于冬季奥运会是伴随夏季奥运会发展壮大而诞生，其起源和发展要晚于夏季奥运会，赛事规模也远小于夏季奥运会。如今，冬季奥运会已成功举办24届，赛事体系逐渐健全，参与人数不断增多，赛事规模及影响逐渐扩大并取得很大发展。加拿大成立了世界上第一个冰球协会；1892年，国际滑冰联盟在荷兰成立，并于次年在荷兰阿姆斯特丹举办了第一届男子速滑锦标赛。一系列专业冰雪项目组织的成立表明冰雪运动在体育活动领域日益受到重视。顾拜旦开始建议单独举行专门的冬季奥运会，于是奥林匹克委员会将冬奥会提上议事日程❷。

随着冬季冰雪项目逐渐丰富，冰雪运动的参与人数剧增，更多人开始提议在奥运会设置冰雪运动项目。因此，1908年第4届伦敦夏季奥运会增加了花样滑冰项目，自此，冬季冰雪项目开始进入奥运比赛项目单。1920年第7届安特卫普夏季奥运会，冰球项目比赛成为最大亮点❸。1922年，国际奥委会全体会议在法国巴黎召开，会议过程中顾拜旦说服反对者，通过了举办冬奥会的提议。

---

❶ 董小英等：《奥运会与国家形象：国外媒体对四个奥运举办城市的报道主题分析》，《中国软科学》，2005年第2期。

❷ 1901年，北欧两项运动在欧洲斯堪的纳维亚半岛成功举行，后来这项比赛成了欧洲进行专门的冬季体育项目赛事，直至1926年才结束举办。由此，斯堪的纳维亚半岛国家极力反对专门举办冬奥会提议。瑞典、挪威等国的反对者认为，专门的冬季体育项目比赛赛事既然已经成立，没有必要再搞一个冬季奥运会与其平行，冬季奥运会的举办因此而被拖延。

❸ 因为项目条件特殊，花样滑冰和冰球比赛不可能与夏季奥运会项目在同一时间举行，只有将这两项比赛提前到4月份举行。但大多数比赛和奥运会开幕式按照惯例在8月中旬举行，使一届奥运会历时5个多月的时间，这给举办地和参赛国等相关人员带来极大不便，不管在人力还是在物力上都是明显的浪费。鉴于此，相关人员寻找解决策略，最后制定了一套可行方案，将冰雪比赛项目从夏季奥运会中分离出来，单独举行冰雪项目的奥运会，即现在的冬奥会。

1924年，法国夏慕尼市承办了当时被称为"冬季运动周"的运动会，从性质来看，"冬季运动周"已经和冬奥会高度相似。国际奥委会于1926年将本次"冬季运动周"正式更名为冬季奥运会，这也是历史上第一届冬季奥运会。在发展的早期阶段，冬奥会也是每四年举办一次，和我们所熟悉的夏季奥运会相同，并且举办国家也和夏季奥运会相同。1928年冬季奥运会举办之时，国际奥委会决定将夏季、冬季奥运会的举办地点改为不同的国家。1986年，相关部门决定将举办冬季奥运会与夏季奥运会的时间隔开两年。1992年的阿尔贝维尔冬奥会是最后一届与夏季奥运会同年举行的冬奥会。此后，冬奥会不论在规模还是在参赛国家上都逐届增加。

第一届冬奥会比赛项目有滑雪、滑冰、冰球、雪橇，共有挪威、芬兰、瑞典、瑞士、奥地利等16个国家和地区的293名运动员参与了比赛，其中，有13名女选手。经过不断发展，冬奥会比赛项目逐渐增加。截至2022年，冬奥会共设有7个大项、15个分项、109个小项，共计产生109枚金牌，创历史之最。7个大项包括滑冰、冰球、冰壶、滑雪、冬季两项、雪车和雪橇。其中，滑冰包括速度滑冰、短道速滑和花样滑冰3个分项，滑雪包括越野滑雪、跳台滑雪、北欧两项、高山滑雪、自由式滑雪和单板滑雪6个分项，雪车包括钢架雪车和雪车2个分项。在各国共同重视冬季体育运动项目的背景下，参与冬奥会的国家数量逐渐增加，规模不断扩大。

奥运会主题口号体现了奥林匹克运动文化内涵的本质要求。1984年以前，主题口号并未在奥运会上出现。第一次奥运会主题口号出现于1984年的洛杉矶夏季奥运会，冬季奥运会主题口号的出现时间更晚，直到1998年日本长野冬奥会才首次出现。1998年第18届日本长野冬季奥运会率先推出冬奥会主题口号"From around the world to flower as one"（让世界凝聚成一朵花），体现出奥运会的世界性及其促进世界和平与发展的愿景。随后，2002年第19届美国盐湖城冬奥会提出极富激情的冬奥会主题口号"Light the fire within"（点燃心中之火），圣火象征正义与纯洁，点燃内心的圣火暗喻本届冬奥会内在的正义性。将火融入冬奥会的口号，以鲜明的对比体现人们对冬奥会的热情。2006年第20届意大利都灵冬奥会提出具有奥运精神的口号"永不熄灭的火焰"，体现出奥运精神生生不息的理念。2010年第21届温哥华冬奥会，加拿大提出的主题口号为"炽热的心"。2014年第22届俄罗斯索契冬奥会更是提出"激情冰火属于你"这样热情的口号。2022年第24届北京冬奥会是历史上最具影响力的冬奥会，以"一起向未来"为口号。其中"一起"表达了中华民族和世界人民携手并肩、共渡难关的信念与决心，而"向未来"则展现了中国人民对于美好明天的向往，传达人民希望、凝聚人民信心。历届冬奥会口号虽然表达形式和内容存在差异，但主旨思想是一致的，均反映出冬奥会充满激情、积极向上的精神及促进各国交流、维护世界和平的宗旨。冬奥会举办期间汇集众多国家的运动员、游客和媒体,为各国相互交流提供了机会和平台,大家欢聚一堂,共享人类进步带来的社会文明,有利于世界和平与发展。冬奥会被广泛关注促进人类体育事业的进步,各国大力培养优秀专业运动员,冰雪文化的发展也激发更多人员参与冰雪运动,这对提高人们身体素质、丰富体育文化体系,促进人类文明的进步均起到积极作用。

(二)国家形象的学术脉络

国内外有关冬奥会和国家形象构建的研究已有少量成果,但针对冬奥场馆设计与国家形象构建研究涉猎较少。以冬奥会场馆设计为切入点,研究冬奥会各主办国借助冬奥场馆设计来构建国家形象的发展路径,对其进行全方位分析以阐释场馆设计与国家文化的融合方式、功能成效,可以为我国未来大型体育赛事场馆设计和国家形象构建融合提供理论依据。每个国家都是世界文化的参与者与实践者,都可以凭借所开展丰富多彩的国家活动,在国际舞台上留下属于自己的文化印记,由此所形成的国际形象正是人们形成对于该国整体印象的重要依据。冬奥会等国际大型体育赛事必然会受到国际上多样化的评价,冬奥会参与人数之多,涉及范围之广受到各国重视,奥运会被视为构建国家形象的良好平台。自冬奥会诞生以来,众多国家竞相举办,极力塑造和构建国家形象,使冬奥会场馆设计乃至一系列附属设施都与国家形象构建有着密不可分的关系。

西方学者在国家形象构建领域更多的是进行实践操作,主要以宣传自身生活方式和价值观念为主。中国学者对国家形象的研究可分为两种范式,即"国际评价"和"内外评价"。第一种范式"国际评价"强调国家形象在国际社会中的评价。例如,徐小鸽在研究中指出:"国际新闻流动过程中所逐步塑造的形象,就是一个国家在国际上的国家形象,也可以将其理解为他国媒体报道中所展示的形象。"[1]杨伟芬强调:"国家形象是指某一国家在国际社会中相对稳定的整体评价。"[2]总之,国家形象囊括了国家经济、文化、外交、历史等多个维度的形象,是践行外交政策、传播公共信息的综合结果。

第二种范式"内外评价"既强调国际评价,也包含本国国民对于祖国的情结。针对这一问题,管文虎编撰的《国家形象论》一书中强调:"作为一个典型的综合体,国家形象实际上包括了国际公众和国内公众对于国家的总体评价和主观认定的

---

[1] 刘继南:《国际传播:现代传播文集》,北京广播学院出版社,2000,第27页。
[2] 杨伟芬:《渗透与互动:广播电视与国际关系》,中国传媒大学出版社,2000,第25页。

结果，国家形象代表了一国的综合实力，其本身所具有的强大凝聚力、影响力值得我们关注。"[1] 国际传播过程中，社会公众对于国家整体的认知和把握，是国家形象的本质内涵，我们也可以将其理解为在国家客体影响下，公众所形成的复合认知、解读和评价，是对国家行为、精神面貌与性状特征的主观评价[2]。是以，国内学术界关于国家形象认识的研究更多强调国际社会评价。从申办到举办冬奥会，国家形象的营造既包含国际社会的广泛评价，也包括国内民众的支持和参与。冬奥国家形象是国际社会对主办国及其在冬奥会期间表现的整体认识和综合评价，国家形象不仅取决于该国自身发展状况、国际社会上的表现、国际关系、国际事务处理态度和国家利益等多重因素，也是一个始终处于动态变化之中的概念。

国家形象是一个国家的国际形象和国内形象的总和，包含了国内外公众的总体评价和印象。观察者所采取的观察视角、获取的观察信息、亲身经历、知识结构、情感乃至价值观等，都会对国家形象产生直接或间接的影响，人们对于国家形象的评价，必然受到多种因素的综合影响。虽然国际形象通常和国内形象之间存在一定差异，但两者间也存在诸多重合。一般来说，对两者的评价范围及指标越接近，国内形象和国际形象就越接近。当然我们也要认识到，国际形象是国内形象在国境之外的拓展和延伸，但国际形象的核心力量还是来自国内形象。良好的国内形象会影响国际形象的建构，良好的国际形象也会促进良好国内形象的建构，两者相互影响。因此，研究者应厘清国际形象与国内形象的关系。借助各种媒介，经由信息传播在国外民众和政府中建构国家形象。从国内与国际两个方面共同构建积极向上、良好稳定的国家形象，二者必须完整、统一和协调。

（三）冬奥会国家形象关联

张昆认为，"体育作为综合国力要素是构成国家形象的物质要素之一，一个社会在体育方面的成功，反映出该社会结构运行良好"[3]。体育软实力是一个国家综合国力的一部分，体育软实力是"一个国家通过体育运动的某种具体活动所表现出的文化、思想的吸引力，以及在行为准则、价值观念、政治制度等方面所表现出来的精神力量"[4]。冬奥会所具有的世界属性使其对世界各国与媒体都有巨大的吸引力，也是国家形象构建的重要平台，能够对主办国产生意义深远的影响。特别是20世纪

---

[1] 管文虎：《国家形象论》，电子科技大学出版社，2000，第23页。
[2] 唐大勇：《文化转移：申奥陈述片的视觉传播》，《现代传播》2003年第1期。
[3] 张昆、徐琼：《国家形象刍议》，《国际新闻界》2007年第3期。
[4] 舒盛芳：《体育软实力及其构成要素和价值预判》，《山西师大体育学院学报》2008年第4期。

80年代以后，世界公众对奥运认知逐渐深入，世界各国积极争抢奥运会的主办权，希望借此构建国家形象，积极传播本国文化和价值观，提升国家文化软实力。所以，冬奥会的主办权极具竞争性，冬奥会竞选、建设、举办和结束的过程也是国家形象的构建过程。

二、冬奥会场馆艺术设计分析

（一）冬奥会场馆设计现状

随着体育事业在全球的迅猛发展和设计艺术的不断进步，国内外经典的体育场馆设计案例层出不穷，特别是随着奥运会在世界范围内受到的关注与日俱增，更是极大地推动了世界各地多功能体育场馆的建设（表2-1）。此前，体育场馆在设计质量方面参差不齐，主要原因包括：设计者对建筑体量和尺度的把握缺乏针对性的分析；与所在城市的整体环境难以有效协调；欠缺地域文化的展现；将传统文化符号与现代建筑设计简单拼凑使设计缺乏整体感；建筑功能、结构不符合体育场馆的一般性要求；创新不足，节能技术的应用凤毛麟角[1]。第22届韩国平昌冬奥会后，甚至出现拆除冬奥场馆事件。随着可持续发展理念的推进和贯彻，当前的体育场馆建设都非常重视其后续的持续性发展，在场馆设计上也提出了新的要求，以满足举办多样文化活动的需求。

表2-1　冬奥会主办方代表性场馆（2002—2022年）

序号	举办城市	地点	时间	场馆名称
1	盐湖城	美国	2002.02.08—02.24	盐湖城冰上运动中心
2	都灵	意大利	2006.02.10—02.26	都灵奥林匹克体育场
3	温哥华	加拿大	2010.02.12—02.28	安大略馆
4	索契	俄罗斯	2014.02.07—02.23	菲施特奥林匹克体育场
5	平昌	韩国	2018.02.09—02.25	平昌奥林匹克体育场
6	北京	中国	2022.02.04—02.20	国家速滑馆、首钢滑雪大跳台、国家雪车雪橇中心

---

[1] 伍垠钢：《体育场馆地域性设计策略研究》，硕士学位论文，重庆大学，2013，第32页。

（二）冬奥会场馆设计原则

冬奥会体育场馆是时代的产物，场馆的功能和地域文化决定了场馆设计的规模和建筑风格，而建筑类型与建筑文化定位决定了建筑模式、设计、材料、技术和过程。为了凸显地域文化特性，冬奥会体育场馆通常从地域传统建筑文化中吸收文化元素，实现传统与现代的建筑融合，从而具有鲜明的地域特色和时代特征。但体育场馆设计的地域性表达并不是完全将传统风格照搬过来，而是以建筑设计的内涵和外延为出发点，在综合考量当地的人文风俗、历史文化、地理气候和建筑功能要求等多方面因素的基础上，动态地将时代气质融入地域文化。往届冬奥会场馆多以建筑所在地区的环境为出发点，深度挖掘和应用地方文化要素、建筑造型、材料技术等，综合运用各种现代化的设计理念和方法，设计出别具一格的冬奥场馆。

在冬奥会场馆设计中，需把控其宏观与微观两个角度。首先，宏观上需注重对举办国和主办城市的整体把握，可以说，冬奥会体育场馆是举办国城市的"文化名片"。历届冬奥会场馆在设计上早已从传统的单体功能建筑设计提升为表现国家形象的建筑设计，在设计中将更多的注意力放在城市规划、公民生活需求方面。因此，虽然冬奥会场馆设计和建设的直接目的在于为冬奥会各项比赛提供基础支持，但也与城市的可持续发展息息相关。冬奥会场馆既是所在区域城市功能的组成部分，还与城市其他区域环境形成整体，相互影响，共同满足城市后续发展需求。与此同时，冬奥会场馆设计对场馆周边景观及风貌同样具有重要意义，在顺应自然的同时，也要促进建筑与景观乃至整个国家形象一体化发展，这样才能充分体现主办国文化发展的整体面貌和发展活力。其次，微观上冬奥会场馆作为大型建筑也与整体城市和国家文化一脉相承。阿尔多·凡·艾克（Aldo Van Eyck）的讲话中曾重点指出"城市是一座大建筑，建筑是一座小城市"，这是对建筑和城市之间关系最为经典也最为精彩的论述。城市是由一个个建筑组成的完整系统，而每一座建筑本身也是一个独立于其他建筑的系统，冬奥会场馆建筑亦是如此。冬奥会体育场馆作为典型的大型公共建筑，不仅有着较高的建设标准和高度复杂的功能设计，同时承担了社会文化的传承和展示的重任。

由此看来，冬奥会场馆建筑设计要从举办城市的地方文化内涵出发，积极探索新材料、新技术，运用新结构、新理念，从真正意义上呈现当地的精神文化面貌。从深层结构审视其时代性的文化传统、民俗习惯、历史渊源、传统典故等均在其发展变化的过程中得以体现。结合现代设计理念与方法，深刻挖掘体育场馆的文化意义和功能，对于大型体育场馆的设计定位，需要将设计规划与城市建设紧密结合在一起，要在规划、设计、施工、验收和运行等流程中展现出整体的可持续发展，保持建筑场馆、生态环境、城市建设、人民群众需求等文化系统的平衡，既与当地经济发展和人口、资源、环境相协调，也考虑建造和使用过程中对环境的影响，以实现冬奥会体育场馆可持续发展❶。

（三）冬奥会场馆设计分类

冬奥会场馆设计是主办国在文化方面的智慧结晶，是一个国家文化的集中体现。场馆设计需根据比赛项目分类建设，不同比赛场馆呈现不同文化。以2022年北京冬奥会为例，共有12座竞赛场馆，除了2008年北京奥运会已建场馆，新建比赛场馆主要面向本届冬奥会的项目，包括冰上项目、雪上项目两种。具体的场馆和比赛项目如表2-2所示。

表2-2　北京冬奥会场馆和比赛项目表

场馆名称	比赛项目	场馆类型
国家体育馆	男子冰球	封闭式场馆
国家游泳中心（水立方）	冰壶	封闭式场馆
首都体育馆	短道速滑、花样滑冰	封闭式场馆
五棵松体育馆	女子冰球	封闭式场馆
国家速滑馆	速度滑冰	封闭式场馆
首钢滑雪大跳台	自由式滑雪、单板滑雪	开放式场馆
国家高山滑雪中心	高山滑雪比赛项目（含高山滑雪速度场地和高山滑雪技术场地）	开放式场馆
国家雪车雪橇中心	雪车、钢架雪车和雪橇项目	半开放式场馆
国家跳台滑雪中心	跳台滑雪和北欧两项项目	开放式场馆
国家越野滑雪中心	越野滑雪、北欧两项	开放式场馆
国家冬季两项中心	冬季两项	开放式场馆
云顶滑雪公园	自由式滑雪、单板滑雪两个项目（包含平行大回转和障碍追逐场地、U形场地和坡面障碍场地、空中技巧和雪上技巧场地）	开放式场馆

根据北京冬奥会相关资料显示，北京冬奥会场馆分为封闭式场馆、开放式场馆

---

❶ 桂琳：《可持续的冬奥会——北京申办2022年冬奥会场馆规划设计方案问答录》，《北京规划建设》2016年第1期。

和半开放式场馆三种。封闭式场馆主要是进行室内制冰的项目；开放式场馆多为越野滑雪等需要较大场地的项目；半开放式场馆主要是国家雪车雪橇中心，其轨道建设采取镂空方式，上方体现中国文化元素的屋顶采用不完全将轨道进行包裹处理。由此可见，冬奥场馆设计与其比赛项目类型关系密切，只有把握好比赛项目特点，将国家文化元素与体育项目充分融合，才有可能构建国家形象并展示国家独特文化内涵。

三、冬奥会场馆设计应用实践

（一）北京冬奥会场馆设计

北京冬奥会最具代表性的场馆就是国家速滑馆、首钢滑雪大跳台、国家雪车雪橇中心和国家跳台滑雪中心。如图2-1所示的国家速滑馆又名"冰丝带"，外形犹如一个蚕茧，是本届冬奥唯一的新建场馆。作为全球范围内规模最大的人工冰场，"冰丝带"的冰面面积高达1.2万平方米。该场馆能够提供最高规格的赛事服务并同时容纳约12000名观众，是短道速滑、花样滑冰、冰球、冰壶等运动项目的绝佳比赛场地。在外形设计方面，其采用了22条丝带相互缠绕的设计手法，不仅具有浓厚的现代气息，也体现了"谁持彩练当空舞"的美学理念。此外，纵横交错的线条也类似速滑运动员在滑冰场上所留下的痕迹，象征了速滑运动的主题。"冰丝带"将原本寒冷、坚硬的冰借助丝带这一设计理念转化成柔和的概念，凸显了中国人刚柔并济的智慧。

"冰丝带"设计总负责人郑方从老北京传统的"冰陀螺"游戏中获得设计灵感，这一元素引导着设计团队大胆地将快速旋转的"冰陀螺"游戏概念延伸衍化，从而在立面上创造了22条旋转光带。这些"丝带"不仅代表了冰面和速滑赛道，也完美呈现了速滑选手的超级速度，印证了国家速滑馆是冰与速度结合的创意。

为了使设计理念与主题方案更加贴切，构建中国在国际上的良好形象，在场馆马鞍形双曲面屋顶设计中（图2-2），设计团队将钢化、镀膜、小半径弯曲、印刷等多种现代建筑工艺整合了起来，尤其是在曲面幕墙的设计和建造过程中，使用了全球首创的单层双向正交索网结构，充分利用阳

图2-1 国家速滑馆

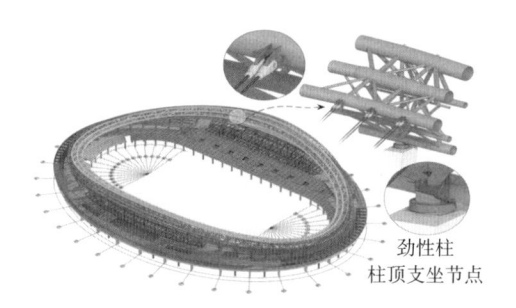

光提高场馆内部亮度的同时，让休息厅的观众可以直观地欣赏到奥林匹克森林公园的优美风景。"可持续发展"理念是任何一场国际赛事都应遵循的原则，北京冬奥会也是如此。场馆不仅能够满足赛事中的各项需求，同时最大限度地将场馆平面尺寸、空间体积限制在合理范围内，大幅降低了空调制冷和场地制冰的成本。此外，"冰丝带"全面采用"环保冰"，避免了传统制冰工艺所带来的大气破坏问题。以可持续发展理念为指导的"冰丝带"将赛后再利用作为重要理念，"冰丝带"将在赛事后全面向普通公众公开，成为居民休闲健身的好去处。

劲性柱
柱顶支坐节点

图2-2 国家速滑馆双曲面屋顶结构

另一呼应环保理念的是首钢滑雪大跳台（图2-3）。该比赛场地在首钢原初工业遗址上建造，相较于以往冬奥会滑雪大跳台项目场地，首钢滑雪大跳台是世界上第一座永久性滑雪大跳台，也是冬奥场馆设计中首次将工业遗址与冬奥运动项目完美结合的典范案例，实现了场馆建设中旧建筑与新场馆的完美结合，为今后冬奥会主办国提供了较好的美术设计案例。

首钢滑雪大跳台在设计上融入了敦煌壁画飞天中的"飘带"图案元素，跳台冷暖色调过渡，以会徽色彩为基调，并借助飘带的飞舞姿态展现跳台滑雪的腾跃形象。在给观众带去视觉享受的同时，将中华优秀传统文化展示给全世界。在场馆设计方面，滑雪大跳台场馆中渐变色的优美姿态倒映于水中，更显灵动而飘逸（图2-4）。首钢滑雪大跳台为后期冬奥场馆的设计和建设提供了参考。作为冬奥会后的"文化遗产"，赛后将为举办滑雪大跳台赛事和运动员日常训练提供场地支持，让人们感受到冰雪运动的魅力，吸引更多群众参与冰雪项目。

图2-3 首钢滑雪大跳台

图2-4 首钢滑雪大跳台场馆

国家雪车雪橇中心作为我国国内首条符合国际标准的雪车雪橇赛道，是冬奥会又一标志性建筑物。雪橇中心地处延庆赛区西南侧海拔2199米的小海坨山，赛道铺设在山脊处婉若游龙（图2-5）。设计方案中引入龙的符号元素，因此国家雪车雪橇中心还被称为"雪游龙"。

国家雪车雪橇中心赛道设计兼顾安全性、挑战性和趣味性。长达1975米的高标准赛道包含了16个倾斜度和角度不同的弯道，360度螺旋弯道（图2-6）在历届冬奥场馆设计中更是少见。雪游龙在可持续发展理念和赛事的要求下，将雪车雪橇赛道设计成了更具立体感的多维空间曲面形态，通过钢筋网和制冷管打造出建筑主体的几何形状，然后浇筑混凝土和夹具一体成型。"雪车雪橇赛道为了避免阳光直射而影响内部冰面的平整性，采用了外附保温层的设计，此外还综合运用遮阳板、遮阳帘等方案避光，在赛道内侧浇筑5厘米厚的冰面以供比赛使用，这不仅为赛事的高质量完成提供了强有力的物质基础，同时也完全符合生态环保的发展理念"❶。生态环保方面，在场馆建设开始前就组织专家团队开展了动植物资源的调查与保护，并在场馆建成后进行了生态修复工作。作为冬奥会的重要地标，国家雪车雪橇中心在冬奥会结束后，不仅将继续承接各类赛事活动，还将面向普通游客开放，成为运动健身、旅游休闲的重要配套设施。

图2-5　国家雪车雪橇中心 　　　　　图2-6　国家雪车雪橇中心细节

国家跳台滑雪中心凭借别出心裁的造型而受到了广泛的关注，这不仅是张家口赛区施工技术最难的项目，也是建设工程量最大的项目。场馆赛道从高耸的山顶一跃而下，垂直落差160多米，中心场馆的顶部结构高15米，半径约44米，外形酷似飞碟，远观整体建筑宛若祥云缭绕山巅。跳台的外形设计成"如意"的形状，相连的S形剖面将跳台和山谷中的滑道底部连接起来，赛道剖面的S曲线和中国古代吉祥

---

❶ 张玉婷等：《"翩若惊鸿，婉若游龙"——国家雪车雪橇中心设计》，《建筑学报》2021年合刊。

器物如意相得益彰，国家跳台滑雪中心便有了"雪如意"的美名（图2-7、图2-8）。

陡峭的山体使国家跳台滑雪中心施工极为困难，加上场地狭小，大型机械很难进入，在雪如意的建造过程中，成就了多项世界级的建筑奇迹。与传统滑雪跳台设施不同，雪如意中设计了全球第一个滑雪跳台的顶峰环形观景平台。在顶部观景台

图2-7　国家跳台滑雪中心　　　　　图2-8　国家跳台滑雪中心两侧

的内部建造了一个面积约3940平方米的圆环场馆。场馆由内径36米和外径78米的偏心圆组成，在极大地提升了建筑视觉效果的同时，进一步强化了整体建筑结构的稳定性。在比赛期间，顶层观景台面向国内运动员、记者和观众开放，外侧有高清透视玻璃，以供观众和记者欣赏和报道运动健儿出场的过程。而在传统滑雪赛场，特别是高台场地的设计中，只有电视转播的"飞猫"镜头才能够获得这一视角的图像。雪如意跳台赛道两侧可以看到浅山谷，朝向东面，对侧向风起到遮挡作用。运动员从跳台眺望，依稀可见远处明代长城遗迹。根据国际奥林匹克转播服务的安排，雪如意成为山地主演播室画面中的标识场景。顶层观景空间不仅在赛事中能够提供绝佳的观赏视角，在赛事结束后，也可以供展览、会议等大型活动使用。

（二）索契冬奥会场馆设计

俄罗斯索契作为一个人口仅35万的小城，成为冬奥会主办城市后，索契可以说是插上高速发展的翅膀。正如国际广播台驻俄罗斯记者燕玺所描述的，索契的一年前这里还好像是个穷山沟，再看看现在变化，简直是天翻地覆。在短短几年时间，不仅达到举办冬奥会的标准，还为世界奉献了一届精彩绝伦的盛会，使索契冬奥场馆设计为全球民众所铭记。

索契能够取得这些变化和成绩当然离不开俄罗斯举国上下的努力，在索契冬奥

会场地与规划设计中,精心打造了两个设施齐备的比赛场地圈,所有冰上比赛项目和训练场地被设计在与奥运村相邻的奥运公园,配有国际广播中心、主新闻中心、奥林匹克球场和荣誉广场。山脉圈是一个单独的村庄,雪上项目和滑行项目比赛都在此进行。

索契冬奥会场馆数量较多,最具代表性的是菲施特奥林匹克体育场和波尔肖冰宫。菲施特奥林匹克体育场的设计让世界民众眼前一亮,其位置坐落于同名的菲施特山脚下奥林匹克公园内(图2-9)。体育场外部表层是透明的玻璃结构,顶部采用的是聚碳酸酯材料,能有效吸收外部太阳能。体育场整体外观如镶满宝石的蛋壳,地处菲施特山脚下,与地形契合,其山顶式设计为观众呈现宽阔的视野,向南放眼望去,黑海海滨尽收眼底。该体育场能同时容纳4万名观众,多层级式台阶引导观众依次向前。巨大的屋顶在扶壁上呈现,透明的外墙是观看山脉和海洋的魅力走廊。这座体育场于2007年奠基修建,2013年竣工,2014年正式投入使用,总耗资超7.7亿美元,冬奥会和冬残奥会的开闭幕式都在此进行。值得一提的是,在增加看台后,体育场可容纳人数上升至4.7万人,同时符合国际足联的比赛要求,成为2018年俄罗斯世界杯比赛场地之一。

现如今,全球都在提倡节能减排理念,人们不仅在乎场馆外形及其综合性能,还关心冬奥会举办后该场馆是否能反复利用。场馆如果不能重新利用,在拆除和场地恢复上所需投入的成本如何?大兴土木并不可取,创造积极且有意义的冬奥遗产才能让这些场馆变得更有价值。

另一个为世人津津乐道的场馆是波尔肖冰宫(图2-10)。该体育场专为冰球项目而建,坐落于索契奥林匹克公园内,始建于2009年,2012年竣工,2013年投入使用,耗资990亿卢布。场馆由"冰立方"竞技场和"冰球"训练场两部分组成,"属于国际冰球联合会经营的一部分"[1]。为达到整体平衡,设计上采用冰冻下降的方法。波尔肖冰宫由建筑师亚历山大·科尼耶夫设计,12 000个座席在颜色设计上独具风格,分别是深酒红色、大红色和浅灰色。特殊的功能设计将人们的注意力集中至比赛场中央,其场馆外观与俄罗斯文化代表元素"法贝热彩蛋"一脉相承。场馆设计、整体建设与周边环境非常契合,建筑表面波状的玻璃面与邻近海滨的波浪相呼应,开阔的窗户让宾客尽览奥林匹克公园的美景,场馆整体环抱于黑海和远处高加索山脉之间。冰球馆外部结构由反光白色铝板包覆,面板上镶嵌大量LED灯,为场馆带来丰富的色彩和动感。建筑的外表与周边起伏的玻璃线条两端分别是高加索山和奥林匹克公园,体育馆顶部总面积达31 745平方米,高达40米。竣工后,

---

[1] 刘仁秀:《2014索契冬奥会场馆设计欣赏》,《美与时代(上)》2014年第3期。

图2-9　菲施特奥林匹克体育场　　　　　图2-10　波尔肖冰宫

该体育馆成功举办了2013年4月的国际冰联锦标赛。冬奥会结束后，该体育馆遵循可持续发展理念，被用作娱乐中心、展览馆及大型会议中心等，场所起到了附属设施的作用。除了菲施特体育场、波尔肖冰宫，索契还建造了可移动场地夏依巴冰球中心、劳拉滑雪中心等一系列比赛场地，分布于海滨圈和山脉圈内❶。

由此可见，俄罗斯为成功举办冬奥会做足了准备，在此过程中诸多场馆建设工作都成为构建国家形象的有效途径。场馆设计在促进俄罗斯国家文化传播的同时，给世界场馆设计提供了极具参考价值的范本。

（三）温哥华冬奥场馆设计

有关温哥华冬奥场馆以安大略馆做重点分析和阐释。温哥华冬奥会安大略馆以安大略省地标景点尼亚加拉大瀑布为造型灵感，其造型表现方式采用中等分辨率的数字化LED缆绳，以紧密的阵列将建筑外体层层环绕（图2-11、图2-12）。每一根绳都有对应的卡槽，宛如织布机上的经线排列整齐，总长度连接起来超过40千米。颜色通过LED变换光芒、色彩和影像进行区分，人们还可与建筑内模块进行数字交互，能将头戴设备与其连接，控制LED灯光。

建筑整体从概念到细节完全符合奥林匹克绿色奥运、科技奥运和人文奥运的理念。蓝白相间的材料塑造出雾气缭绕、水珠流动的景象，梦幻般地还原了瀑布的场景。在科技创意背景下，其外置装饰材料富有创新性，这也为加拿大国家形象的积极构建产生正面影响。景点尼加拉瀑布是加拿大安大略馆为人熟知的重要标识，作为冬奥场馆设计，其表现形式也为冬奥会主办国提供了较好的参考案例。

---

❶ 孙愉：《俄罗斯国家形象传播研究——以索契冬奥会为例》，硕士学位论文，哈尔滨师范大学，2016，第26页。

图2-11　安大略馆　　　　　　　　　图2-12　安大略馆外观

四、冬奥会场馆设计对国家形象建构的影响

21世纪以来，各主办方对冬奥场馆建设非常重视，其表现形式精彩纷呈，既为世界观众带来视觉盛宴，又对国家形象构建作出贡献。冬奥场馆设计在举办权、建设期与利用率等维度均有体现，冬奥场馆设计透过科技、环境和文化三方因素共同作用于国家形象构建。

首先，冬奥场馆设计以科技为基础。场馆选址面对复杂多样的地形、地质和气候条件，场馆造型需要建筑技术的保障、建筑材料的选择与后期技术维护的支持。主办国的建筑技术能力和建设中的科技表现都会为世界媒体和民众所关注。场馆后续使用率也成为主办国民众冰雪运动参与度的重要考量内容，如何建设科技感十足的场馆以吸引更多民众参与冰雪运动是一项摆在美术设计理念运用方面的难题。

其次，环境建设也以科技为基础。冬奥部分比赛项目在室外进行，在场馆建设过程中要注重对当地环境的影响并维护可持续发展理念。环境保护理念包括对生态环境的保护、资源的合理利用，以及其在景观与场馆设计中的融合。生态环境的保护以保护生物多样性为主，包括土地、水源、森林和野生动物等较为重要的生态因素及其保护措施的落实；资源的合理利用主要体现在对水资源和能源方面的利用，以控制用水总量、对融雪及雨水利用、使用光电风电等绿色清洁能源为要点；景观与场馆设计主要体现在运用现代化科技模拟地形地貌，合理优化场馆与景观设施。环境对国家形象构建十分重要，通过冬奥会平台展示科学选址的建筑时，也向世界展示主办国的良好环境，以达到宣传国家环境的目的。

最后，冬奥会舞台效果展示以文化为基础。多样且丰厚的文化资源需要科技和环境的支持。将文化介入场馆设计，赋予场馆设计文化特色，冬奥会向世界展示了主办国科技、环境和文化的整体面貌，从而构建出积极的国家形象。在冬奥会体育场馆设计中，大多采用极具代表性的文化要素，在建筑外观、材料和立面造型等形式上显而易见，易于文化的传播和受众对文化的理解（表2-3）。

表2-3 冬奥会体育场馆设计元素表

国家	体育场馆	文化元素	表现形式
中国	国家速滑馆	冰丝带与"谁持彩练当空舞"	由22条丝带堆叠、环绕
	首钢滑雪大跳台	飞天文化	飞天元素与场馆外观结合
	国家雪车雪橇中心	龙图腾	建筑形式、材料与装饰表现龙元素
	国家跳台滑雪中心	如意	场馆形式与如意元素契合
俄罗斯	菲施特奥林匹克体育场	菲施特山	与地理环境相结合
	波尔肖冰宫	法贝热彩蛋	以具体物象与民族文化相融合
加拿大	安大略馆	尼加拉瀑布	塑造瀑布造型与材料颜色相结合

五、小结

冬奥会场馆设计离不开科技、环境和文化因素，三者相互作用才使冬奥会场馆设计对国家形象的构建产生积极作用。正如2022年北京冬奥会通过场馆设计向人们展示多样的中国文化，也通过冬奥会向世界展示中国在科学技术、人文环境和中华文化方面的最新成果及历史底蕴。透过北京冬奥会，既可见中国国力的强盛，又可增强中国文化的自信。其中，场馆设计向我们展示了两条思路：第一，通过冬奥场馆设计与中国文化的结合，向世界呈现中国正由传统制造业大国向创新型大国的转变，改变了世界对中国所持固有认知。第二，强调中国文化自信。保护与传承、推广与发展中华传统优秀文化，首钢滑雪大跳台和国家跳台滑雪中心将中国文化与场馆设计的成果展现在世界观众眼前。

冬奥会举办权标志着国际社会对主办国在政治、经济和文化等方面的肯定。举办冬奥会能加快主办国的发展步伐，更好地融入世界。北京作为奥运会历史上第一个既举办过夏奥会又举办过冬奥会的"双奥之城"，在国际构建了积极且良好的形象。微观层面，中国举办双奥会能促进北京城市建设、环境治理和经济发展；宏观层面，中国也增强了文化自信。北京通过举办双奥必然会促进中国经济的整体发展，通过全球性体育赛事构建了良好的中国形象，让世界各国更好地了解并喜爱中国文化。

冬奥会场馆设计为冬奥赛事顺利进行提供了基础保障，作为文化和体育高度融合的典范之作，奥林匹克运动会设计中隐含着大量的文化元素。客观来看，无论是夏季奥运会还是冬季奥运会，均是对举办国综合实力的信任与肯定，其展示的不仅是国家的体育和经济实力，也凸显了国家的文化创造力与创新力，成为构建国家形象和展示国家文化软实力的有效方式。基于此，研究冬奥会场馆设计与国家形象建构，不仅是为各国观众做最直观的文化展示，还是以多样化方式构建主办国形象的必由路径。只有充分梳理好冬奥会场馆设计与国家形象构建之间的关联，为冬奥赛事提供学理依据和经典范本，才能实现冬奥会场馆设计为构建国家形象贡献力量的初衷。

第三章

冬奥会吉祥物设计与国家形象建构

《和谐家园-1》 水彩 80cm×150cm 2019年 郭世杰

作为奥林匹克精神与文化的视觉文化符号，奥运会吉祥物是奥林匹克艺术元素的重要表达方式。受到举办地文化、风俗、社会结构等因素的影响，每届奥运会吉祥物的形象造型各异，但均以奥运文化为设计的出发点和落脚点。设计师根据国家和地区的人文风俗、历史文化传承、生物物种等特点进行设计，表现了和平、友好、热情、活泼等文化特点。

1968年，格勒诺布尔冬奥会出现了历史上第一个奥运会吉祥物滑雪人舒斯，但由于当时对吉祥物重要作用的认识不足，并未被列入官方视觉文化体系中。直到1972年慕尼黑奥运会，随着人们对吉祥物文化意义和社会意义的重视，才将吉祥物纳入奥运会官方视觉元素之中。自此，吉祥物的设计、制作和发布就成为每一届奥运会的惯例，并将吉祥物设计作为整个奥运设计体系的重要环节进行针对性研究。随着奥运会的关注度在全球范围内不断上升和现代传媒技术的持续发展，奥运会吉祥物的热度也随之加强。吉祥物的社会功能、文化意义和商业价值进一步凸显。

奥林匹克宣传画、纪念章、音乐作品、文学作品、标志、艺术节、绘画展等均是奥林匹克精神在文化艺术领域的重要实践，作为奥林匹克运动的核心视觉艺术符号，奥运吉祥物有着极强的全球影响力[1]。可见，吉祥物是奥林匹克文化体系的组成部分，因其识别度高、参与性强、特色鲜明，逐渐成为奥运视觉文化的典型代表。为了进一步规范吉祥物的使用权限与范围，防止吉祥物文化标签被抄袭滥用，《奥林匹克宪章》中明确了奥运吉祥物受到知识产权的保护，同时指出举办国家奥组委需提交本届奥运会吉祥物设计方案给奥委会审批后，才可用于商业宣传和推广[2]。奥运吉祥物无论是其设计理念还是设计风格，都充分彰显着主办国家的文化取向和对奥运精神的理解，是宣扬奥林匹克精神和举办国家民族文化的重要媒介。纵观奥运会的发展史，吉祥物中所凝聚的文化精神价值早已超脱了国界的限制，成为全球各国人民共有的宝贵精神财富，其所具有的深层次内涵成为人类文化的重要组成部分[3]。

奥运会吉祥物的文化功能与国家形象建构也存在着紧密的联系。随着全球化不断深化，国际竞争愈发激烈，这种联系不仅体现在国家综合影响力的角逐，更延伸至文化软实力层面的较量。国家形象是一个国家综合实力和影响力的外在表现，也是构建国家软实力的重要象征之一。在和平年代，软实力的作用甚至远大于硬实力

---

[1] 任海：《奥林匹克运动百科全书》，中国大百科全书出版社，2000，第171-181页。
[2] 国际奥林匹克委员会编：《奥林匹克宪章》，奥林匹克出版社，2001，第78页。
[3] 张晶：《奥运会吉祥物的价值和文化功能解读》，《内江科技》，2009年第1期。

的表现。近年来，国家文化软实力得到各国政府的重视，尤其是关于国家形象议题方面的研究，各国均希望通过文化传播与输出，提升国家形象，创造良好国家关系。冬奥会作为全球性体育文化赛事，能将全球目光聚焦于此，各国希冀通过冬奥会平台展示国家文化，构建良好国家形象。例如，冬季奥运会举办期间，冬奥信息报道会占据世界各国主流媒体的头版头条，从而有利于展现举办国的整体形象，使国家在世界文化竞争中处于有利地位。比赛中，举办国掌握宣传该国品牌的主动权，不仅为本国企业技术形象的塑造和传播提供必要的支持，也是本国产品走向国际市场的重要宣传渠道，还使冬奥会吸引全球大量游客和体育爱好者汇聚一堂，为城市人文气息的全球化传播提供重要途径，这对于举办城市的形象宣传有着积极的影响[1]。

冬奥会是各个国家公共的体育空间，如何通过冬奥体育语汇，使世界各国产生对举办国的文化认同，借助冬奥会这一世界性文化平台构建良好国家形象、彰显文化魅力，树立国际公认的、有国际责任的、有国际贡献的大国形象，具有重要的学术价值和积极的现实意义。

一、冬奥会吉祥物脉络

目前，有关奥运会吉祥物内涵和发展趋势的研究日益增多，冬奥会吉祥物形象内涵与特殊季节条件相关联，如何丰富冬奥会吉祥物研究的新语境，是摆在研究者面前的一道难题。良好的国家形象是一个国家国际地位和国际影响力的重要体现，也是综合国力的重要组成部分。研究奥运会吉祥物的文化传播功能，对于促进国家形象构建和传播具有积极的现实意义，这就需要对冬奥会吉祥物发展脉络进行系统梳理，以此发现奥运会吉祥物的整体文化功能。

（一）冬奥会吉祥物元素

冬奥运动项目是人类历史上冰雪运动精神的集中体现，顺应了人文社会的发展趋势。而在冬奥会吉祥物的设计方面，其形象内涵同样在客观上融入了多种文化元

---

[1] 曹淞：《新时代2022年北京冬奥会国家形象传播研究》，硕士学位论文，哈尔滨体育学院，2019，第1页。

素，并与其影响因素之间互为辩证关系。夏冬奥运会的差异性呈现、时节运动与吉祥物形象设计文化内涵的影响，传播途径日益多样化为世界各国传播国家形象提供了便利。作为全球范围内规格最高的冬季体育运动盛会，冬奥会也同样是国际奥林匹克的重要组成部分[1]。奥林匹克活动是辐射世界各国的文化运动大会，它通过会徽、吉祥物、奖牌和开闭幕式向世界展现一个国家和城市的政治、经济、文化等多元意蕴。

媒体及现代科技的发展，可以使人们直观地体会文化创意带来的生活趣味，并吸引更多人投身文化创意产业和文化实践当中。冬季奥林匹克运动会已成为各个国家展现自我文化并争奇斗艳的大规模盛会，它是各种优秀文化和创意设计的集合体。冬季奥林匹克运动会与火热奔放的夏季奥运会不同，纯净晶莹的冰雪世界不仅没有封锁住人们对冰雪运动的热爱，反而以精彩绝伦的竞赛场景征服了来自世界各地亿万观众的心[2]。无论是色彩的选择还是题材的确定，冬奥会的吉祥物在文化符号的传递上与我们更为熟悉的夏季奥运会有着巨大的差异。一般来说，数量元素、原型题材元素、色彩元素、配饰元素和寓意均是冬奥会吉祥物设计过程中的重点和难点[3]。数量元素主要是指吉祥物设计的数量规格，有单一、一对、三个和四个四种数量类型，其中以单一数量类型最多，分别在第10届、12届、13届、14届、16届、23届、24届冬奥会得到体现。从第10届至24届冬奥会吉祥物共有20多个，色彩元素应用最多的为白、蓝、红三种颜色，此外，还有绿色、粉色、黄色、橙色等。吉祥物颜色设计与生态环境关系紧密，蓝色的天空、白色的雪地或雪山是冬奥会吉祥物经常使用的颜色。阎评在前人的研究基础上，将吉祥物的题材进一步划分为地域性、自然性、故事性、文字性、主题性和材料性等八类约定性题材[4]。

综上所述，以举办国本土特色原生动物为题材是冬奥会吉祥物设计过程中最为常见的题材来源以"冰雪"这一冬奥会最具代表性元素为出发点设计的冬奥会吉祥物也较为常见，虚拟人物形象为吉祥物原型的题材在冬奥会历史上较为少见，仅在两届冬奥会中出现过[5]。配饰元素中常见的有竞技装备和日常服饰装扮，目的是使吉祥物形象更富于变化、生动有趣、亲近感强，赢得大众的接受和喜爱。寓意元素包含奥林匹克精神、欢迎寓意、冰雪文化寓意、地域文化寓意和生命环保寓意等

---

[1] 王仁周、朱志强：《冬季奥林匹克运动：1924—2022》，人民体育出版社，2005，第1页。
[2] 房然：《北京奥运会与索契冬奥会纪念钞比较研究》，硕士学位论文，华中师范大学，2014，第25页。
[3] 潘达：《冬奥会吉祥物设计的影响因素研究》，硕士学位论文，北京体育大学，2018，第24-26页。
[4] 阎评：《标志与吉祥物设计实验教程》，中国人民大学出版社，2010，第152-154页。
[5] 潘达：《冬奥会吉祥物设计的影响因素研究》，硕士学位论文，北京体育大学，2018，第22页。

（二）冬奥会吉祥物历程

冬奥会是一场国际性体育盛会，是国家之间相互交流合作、建立友谊的一座重要桥梁。从1924年法国夏慕尼举办的第一场冬奥会至2022年中国北京冬奥会，已经举办了24届冬奥会。冬奥会经过将近一个世纪的发展，虽然没有夏季奥运会那么深入人心，但随着生产力的发展，人们对冬奥会的关注度越来越高，人们对冬季赛事的重视也达到了一个新的高度。以下是历届冬奥会的举办国和地区汇总表（表3-1）。

表3-1 冬奥会吉祥物名称发展历程表（1924—2022年）

届数	主办城市	举办国家	举办时间	吉祥物名称
1	夏慕尼	法国	1924.1.25-2.4	/
2	圣莫里茨	瑞士	1928.2.11-3.18	/
3	普莱西德湖	美国	1932.2.4-2.15	/
4	加米施-帕滕基兴	德国	1936.2.6-2.16	/
5	圣莫里茨	瑞士	1948.1.30-2.16	/
6	奥斯陆	挪威	1952.2.14-2.25	/
7	科蒂纳丹佩佐	意大利	1956.1.26-2.5	/
8	斯阔谷	美国	1960.2.18-2.28	/
9	因斯布鲁克	奥地利	1964.1.29-2.9	/
10	格勒诺布尔	法国	1968.2.6-2.18	雪士
11	札幌	日本	1972.2.3-2.13	/
12	因斯布鲁克	奥地利	1976.2.4-2.15	奥地利山区雪人
13	普莱西德湖	美国	1980.2.13-2.24	浣熊
14	萨拉热窝	南斯拉夫	1984.2.13-2.19	武科狼
15	卡尔加里	加拿大	1988.2.13-2.28	海迪和豪迪
16	阿尔贝维尔	法国	1992.2.8-2.23	冰上精灵
17	利勒哈默尔	挪威	1994.2.12-2.22	哈肯和克里斯汀
18	长野	日本	1998.2.7-2.22	寸喜、能城、家喜、都木
19	盐湖城	美国	2002.2.8-2.24	雪兔、北美草原小狼、美洲黑熊

续表

届数	主办城市	举办国家	举办时间	吉祥物名称
20	都灵	意大利	2006.2.10–2.26	雪球和冰块
21	温哥华	加拿大	2010.2.12–2.28	米加、苏米、魁特奇
22	索契	俄罗斯	2014.2.7–2.23	雪豹、北极熊、兔子
23	平昌	韩国	2018.2.9–2.25	守护郎
24	北京	中国	2022.2.4–2.20	冰墩墩、雪容融

第1届法国夏慕尼冬奥会只有简单的会徽和比赛赛事，并没有吉祥物理念。自1968年第10届法国格勒诺布尔举办冬奥会开始才出现吉祥物，其形象虽简单却可看出为融入冬奥元素做出的努力。这届冬奥会吉祥物并未被奥委会认定。第11届日本札幌冬奥会也未推出吉祥物形象。然而，它却为冬奥吉祥物设计制作起到参考和铺垫的作用。直到第9届奥地利因斯布鲁克冬奥会才出现了第一个专门的吉祥物，冬奥会在历史上正式有了自己的吉祥物，冬奥会吉祥物形象随即出现在大众视野之中。第15届加拿大卡尔加里冬奥会吉祥物开始出现多个吉祥物，吉祥物不再拘泥单个数量，形象也变得更多元化。随着技术的飞速发展，吉祥物设计开始向拟人化发展，逐渐涌现出动态玩偶的形式。

随着设计理念的革新并和冰雪元素的融入，现代冬奥会吉祥物独具设计审美价值，不仅造型上各不相同，其所蕴含的文化魅力和体现的奥运精神和奥运理念也被赋予了独特的生命力。长野冬季奥运会于1998年开幕，吉祥物是本届冬奥会最大的亮点。吉祥物在奥运会中极大地拉近了奥运会和普通公众之间的心理距离，这是其他冬奥会主题设计所无法媲美的。冬奥会吉祥物鲜活的性格得到淋漓尽致的展现，可见冬奥会平台传播的力度、广度与深度。

1968年的雪士（Schuss）是一个闪电人滑雪的形象，设计元素和制作工艺都较为质朴，颜色搭配也比较简单。难能可贵的是，它融入了冬奥会的滑雪板和闪电速度元素，让整个吉祥物的形象与冬奥会密切结合，让人一眼就能看出它就是冬奥会吉祥物，代表着法国格勒诺布尔的奥林匹克理念。1976年，奥地利因斯布鲁克冬奥会的吉祥物是一个雪人形象，洁白的雪人戴着红色的帽子，两个黑亮亮的眼睛下面有一个类似于胡萝卜形状的尖鼻子，雪人的形象立体可爱，给人们最直观的感觉是他带着冬奥会向我们走来。1980年，美国普莱西德湖的吉祥物罗尼（Roni）是一个蓝脸黑眼睛穿着蓝色运动鞋的橙色浣熊。1984年，南斯拉夫萨拉热窝举办的冬奥会是一只毛茸茸、黑白相间的狼形象，他的名字是武科（Vucho）。1988年，加拿大卡尔加里冬奥会吉祥物是海迪（Hidy）和豪迪（Howdy），这是一对白色北极熊的形象，他们戴着红白色的礼帽，身着以蓝色为主的裙子与马甲。1992年阿尔贝维尔冬奥会吉祥物是麦琪（Magique），被称为"魔法"，打破了连续三届冬奥会以动物为吉祥物的设计思路。1994年，挪威利勒哈默尔冬奥会是一对叫作哈肯（Hakon）和克里斯汀（Kristin）的人形洋娃娃作为冬奥吉祥物，他们拥有金黄色的卷发，身着红色和绿色小上衣。1998年，日本长野冬奥会吉祥物是四个雪地猫头鹰。

冬奥会发展到21世纪，2002年美国盐湖城冬奥会吉祥物是雪兔Powder、北美草原狼Copper和美洲黑熊Coal。2006年，意大利都灵冬奥会是以雪球Neve和冰块Gliz两个拟人小孩为主体的吉祥物。2010年，加拿大温哥华冬奥会是由名叫魁特奇（Quatchi）的北美野人、北极熊米加（Miga）和雷鸟精灵苏米（Tsim）三个卡通形象组成的吉祥物。2014年，俄罗斯索契冬奥会是以兔子（Hare）、北极熊（Polar Bear）和雪豹（Leopard）三种代表性动物为主题的吉祥物形象。2018年，韩国平昌冬奥会是以白虎为主体形象的吉祥物，名叫守护郎（Soohorng）。2022年，中国北京冬奥会是以冰墩墩和雪容融两个虚拟但拟人化的形象出现。冰墩墩采自中国国宝熊猫的形象，延续了2008年夏季奥运会熊猫形象并融入冰雪元素，加了雨衣等元素。雪容融是以冬季特色美食冰糖葫芦为主要轮廓，体现中国北京冬季饮食文化特色。

综上，冬奥会吉祥物历程可划分为以下三个阶段，第一阶段是萌芽阶段（1968—1975年），具有寓意简单、搭配简略、数量单一等特征；第二阶段是探索阶段（1976—1991年），在这一阶段的吉祥物设计开始涌现出更为多样化的发展方向，无论是内涵、外延还是其商业应用，均开始了一系列新的探索；第三阶段是多元发展阶段（1992至今），这一时期内吉祥物数量规格从最开始的一个增长到四个，配色也更加耀眼大胆，自由化特征显著并且逐渐突出视觉效果和趣味性体验。

二、冬奥会吉祥物设计

（一）冬奥会吉祥物界定

冬奥吉祥物是奥林匹克精神文化与冬季冰雪文化特点和地域文化相结合的文化产物，并与冬奥会会徽、冬奥会场馆等一起构建成冬奥会视觉文化体系。所以，冬奥会吉祥物是带有冬季奥运会视觉文化特点的象征符号。

作为一种有着特殊含义的体育文化符号，冬奥运会吉祥物具有鲜明的功能性和多义性特征。皮尔斯认为，符号是某种对某一文化载体来说在某一方面或以某种能力代表某一事物的事物[1]，体育文化符号同样有着所指、能指的对立结构[2]。吉祥物是奥运会各主办国为活跃赛场气氛和祝愿运动会圆满成功而设计的一种有代表性的纪念形象，也是历届奥运会最典型的象征之一，体现出积极向上的奥运精神，并传达了奥林匹克文化理念以及各主办国家的历史文化和人文精神，是奥运会中最具识别性的形象之一。吉祥物是奥运会举办国表达对赛事成功举办的美好祝愿与宣传奥运精神、展现国家形象的重要纪念品，奥运吉祥物中不仅蕴含了积极奋发、蓬勃向上的奥林匹克精神，也传达了主办国对于奥林匹克文化的理解，堪称奥运会最为典型、辨识度极高的象征[3]。

"冬奥吉祥物的内在含义有：第一，吉祥物本身所蕴含的吉祥、欢迎和自然寓意；第二，主办地区的地域文化内涵；第三，奥林匹克运动的精神理想内涵。奥运吉祥物是包括运动图标、火炬、会徽在内的奥运视觉代表符号，同时属于奥林匹克与文化艺术的范畴。作为重要的奥运视觉代表符号，冬奥吉祥物向社会各界展示主办地区的地域文化、友好欢迎和崇高的奥林匹克精神，以此感知和接受有关奥林匹克的印象。"[4]

（二）冬奥会吉祥物设计

设计是按照事物的发展目的和主题要求，通过设计师合理规划结合技术手段创造的一种艺术文化表现形式。冬奥会吉祥物不仅有着与奥运会吉祥物同等的内在、外在特征，也兼具冰雪运动及举办国本地文化的一系列特性。为了合理表达冬奥会吉祥物的文化意义，设计者将按照其精神象征、符号象征的客观要求，在特定需求和准则的约束下精心构思和创作，将抽象概念转化为视觉媒介。是以，冬奥会吉祥物设计是指以奥林匹克精神、举办地文化特征和冬季运动项目特色为主题，结合国际奥委会对奥运会视觉形象的文化要求，通过艺术设计手段形成的视觉文化形象。

在冬奥会吉祥物设计的萌芽阶段，由于冬奥会吉祥物形象首次出现，其设计较为传统，表现手法单一。如1968年格勒诺布尔冬奥会滑雪人雪士作为历史上第一个冬奥吉祥物，也作为第一个冬奥会吉祥物出现在冬奥会舞台上（图3-1）。雪士

---

[1] 王铭玉、宋尧：《符号语言学》，上海外语教育出版社，2005年第20页。
[2] 任冀军、杨文运、宋旭敏：《体育领域中的符号现象分析》，《武汉体育学院学报》，2011年第1期。
[3] 胡玉梅：《奥运吉祥物研究》，硕士学位论文，南京师范大学，2011，第7页。
[4] 潘达：《冬奥会吉祥物设计的影响因素研究》，硕士学位论文，北京体育大学，2018，第15页。

是第一个将雪元素融入滑雪项目的吉祥物设计,其采用了高度夸张的拟人设计思路,但是并未增加过多的修饰,通过红蓝白三种颜色象征法国国旗,展现国家形象。

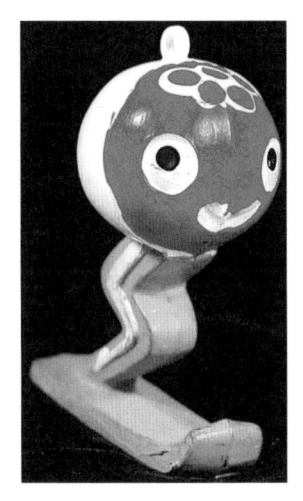

第12届因斯布鲁克冬奥会吉祥物是雪人,其全身雪白,头戴奥地利传统提洛尔帽,吉祥物红白相间的色彩搭配与奥地利国旗色彩一致(图3-2)。

第13届普莱西德湖冬奥吉祥物是浣熊罗尼。罗尼在伊洛古拉语中意为"浣熊",伊洛古拉语也是举办城市的传统语言。浣熊是当地人日常生产、生活中接触最为频繁的动物。浣熊眼睛周围的黑白面具和一些面部特征,展现了一些冬季项目参赛选手在比赛时所佩戴的太阳镜和帽子,奥运五环的颜色也在各种版本的罗尼中有所体现(图3-3)。

图3-1 雪士

第14届萨拉热窝冬奥吉祥物武科的原型来自阿尔卑斯山脉的狼。狼象征着冬天,代表着勇气和力量,是南斯拉夫传统寓言故事中最常见的角色。在武科的不同版本中,其面部表情时而微笑喜悦,时而严肃冷酷,设计师赋予了狼拟人化的外表形象,拉近了人与动物的距离,改变了人们对狼凶猛危险的传统认知(图3-4)。

第15届卡尔加里冬奥吉祥物海迪和豪迪的原型为北极圈内格陵兰岛上的北极熊,海迪英文名称的词根"Hi"与豪迪的英语名称"How do you do"的缩写表达了对冬奥运动员及观众亲切的问候(图3-5)。两只吉祥物均身着典型的西方服饰,具有明显的加拿大特色[1]。

总之,上述冬奥会吉祥物设计呈现出许多这一时期的设计及应用特点,1976年,因斯布鲁克冬奥会采用了雪人作为吉祥物原型并取得了巨大的商业价值,雪人的各

图3-2 雪人 　　　　图3-3 罗尼 　　　　图3-4 武科 　　　　图3-5 海迪和豪迪

---

[1] 潘达:《冬奥会吉祥物设计的影响因素研究》,硕士学位论文,北京体育大学,2018,第19页。

种形象在周边产品上均有所展示，以其形象为主题的毛绒玩具、T恤、钥匙扣和雪人吉祥物等大量周边纪念品热卖。1980年普莱西德冬奥会吉祥物是冬奥史上第一个以动物为主题的吉祥物设计。在1988年卡尔加里冬奥会中，设计师则开始尝试创新吉祥物的数量规格，即使用两只北极熊作为吉祥物。此阶段的发展过程中，吉祥物设计开始从更多的维度进行创新，其原型开始从单纯的"雪"延展到"动物"，设计细节从粗糙走向精致、由单一化变得多样化。

1992年至今是冬奥吉祥物设计的成熟阶段，也是多元发展阶段（图3-6）。在此期间，随着冬奥会宣传力度的推进，无论是传播范围还是受众人群都出现了大幅的增长，并朝着多元化的方向持续发展。冬奥会举办地的角逐不再局限于北美、欧洲等高纬度国家和地区，亚洲低纬度国家地区也逐渐参与其中。

麦琪（Magique）　　　　哈肯和克里斯汀　　　　寸喜、能城

雪兔Powder、北美草原小狼　　雪球Neve和冰块Gliz　　米加和魁特奇
Copper和美洲黑熊Coal

雪豹、北极熊、兔子　　　　守护郎　　　　冰墩墩和雪容融

图3-6　多元发展阶段（1992—2022年）冬奥吉祥物形象设计

进入后互联网时代，随着奥运会视觉形象系统的逐步完善，吉祥物在构思和表现上逐渐多元化和系统化，呈现出多元的风格特征。"其一，吉祥物设计过程中利用云计算、大数据等新兴技术手段帮助设计师全面、深入地了解和掌握大众审美偏好，为吉祥物设计的主题和方向提供坚实的数据基础；其二，在设计中大量使用3D Max、Cinema4D和Adobe等系列电脑设计制图软件使得图案的三维立体效果得

到提升，并且引入了更为丰富和多元化的表达方式；其三，随着移动智能终端普及率的迅猛提升，碎片化信息淹没了人类的日常生活，无论是信息的获取途径还是生成方式均发生了翻天覆地的改变，也突破了时间和空间的限制，而吉祥物的应用场景也朝着多元化、立体化的方向发展，随即要求设计产品必须在最短时间直击大众情感。"❶

该阶段冬奥吉祥物在设计思路上更注重自由开放、多元融合的时代性特点。设计方案大多摆脱了此前的固有模式，结合互联网时代发展特点，带有更强的创新性。冬奥会吉祥物的文化内涵也包含了更多的内容，无论在文化内涵、审美价值和情感认同上都体现出新的风格。冬奥吉祥物设计除了在选材过程中注重国际性和民族性，也要牢牢把握奥林匹克精神的内涵，将其与民族文化融合起来。冬奥会吉祥物的设计不仅要以本届赛事的特点和举办国特色为出发点，更要表达全球化发展方向和时代的主题。

（三）冬奥会吉祥物内涵

王荃荃强调奥运会吉祥物的文化解读是以奥运会吉祥物为研究对象，从其创作背景、历史意蕴、精神导向和文化价值等不同维度分析奥运会吉祥物的重要内涵，并对其中所隐藏的文化规律加以深度剖析；相关研究成果不仅为体育文化和社会文化的深度融合夯实理论基础，还为奥运会精神的全球传播提供了新的研究视角❷。范文杰认为，在奥运吉祥物设计中，吉祥物的生成常取物之性并通过象征性手法表现出来，利用联想、抽象等方式将主观处理附着于吉祥物之中，使特定具体的事物显现出抽象的意蕴；作为一种典型的象征性思维转化过程，奥运会吉祥物设计者构建了象征体和本体之间的内在联系，从而赋予吉祥物以不同于本身题材和形态的寓意❸。

奥运会吉祥物作为奥运会最受关注也最为经典的具象化符号，完美体现了奥林匹克精神与举办国文化。从符号学视角看，奥运会吉祥物本身既作为奥林匹克文化的符号象征，又呈现了举办国特有的文化特色和举办国的文化形象。基于此，为了在国际上建构良好国家形象，加强大众与奥运会的情感共鸣，提高人们对各奥运会举办国的文化认同感，各主办国都致力于吉祥物极具象征意义的文化符号

---

❶ 陈子瑜、曹雪：《冬奥会吉祥物的设计探讨：以北京冬奥会吉祥物"冰墩墩"为例》，《美术学报》，2020年第3期。
❷ 王荃荃：《对奥运会吉祥物的文化解读》，硕士学位论文，扬州大学，2010年，第26—32页。
❸ 范文杰：《奥运会吉祥物解析》，《体育文化导刊》，2006年第4期。

表达，充分挖掘举办国的历史文化特色或自然生态特色，用以传播和宣扬奥林匹克运动文化精神、举办国自身文化，积极在国内与国际上建构良好的国家形象。张晶认为奥运会吉祥物的设计始终注重文化要素的承载，要在不同维度、不同层次地体现着奥林匹克精神，跨越语言和地域的限制，成为全世界人民共同的精神文化财富❶。

此外，阎评在对奥运会吉祥物设计的研究中指出，冬奥吉祥物是奥运文化交流的动因之一，其设计过程要保留原本的地区文化特征以形成对他国民众的吸引，关注全球化因素的同时也要兼顾本土文化、民族文化的国际影响力，让吉祥物真正承载起宣扬本国优秀文化的重任❷。如2022年北京冬奥会吉祥物冰墩墩，其蕴含的深厚中华民族精神和鲜明的时代特征便赢得了全世界人民的认可和喜爱。

（四）冬奥会吉祥物艺术

奥运会吉祥物作为视觉文化，需要符合人们的审美心理结构和审美心理定势。奥运会吉祥物的视觉审美主要涉及题材选取、动态表现形式和修饰内容设计的研究，不仅要让设计出来的吉祥物符合大众审美、获得大众喜爱，更要在后续的修饰设计中体现其延伸性，在设计构思时注重其创新性和审美性。

冬奥会吉祥物设计作为国际最高级别体育赛事的代表形象，需要与奥运会视觉文化体系相融合，还需要符合所处时代的大众审美要求，通常以幽默、夸张、拟人化的手法表现出吉祥物独特的文化特性。独特的视觉效果有利于增强奥运会吉祥物的艺术性与亲和力，拉近人们和吉祥物之间的距离。张博文认为奥运吉祥物设计的核心要求是凸显举办国的文化特色与地域特色，宣传文化内涵，展现奥林匹克精神，同时吉祥物要兼具商业推广价值和精神审美价值便于后期开发与应用❸。奥运会吉祥物设计过程中，其造型表现方式大多采用抽象、具象和组合等多种形态；在色彩方面则大量使用高饱和度、高纯度的原色且将主色调限制在三种颜色内；细节设计包括吉祥物的命名、整体运动变化状态、面部表情和服装配饰细节等❹。

冬奥会吉祥物在设计方面有效地整合了外部形态美和内部文化美，借助审美手段全面提炼和展示民族文化、社会形态和时代精神等内容，不仅淋漓尽致地展现了

---

❶ 张晶：《奥运会吉祥物的价值和文化功能解读》，《内江科技》，2009年第1期。
❷ 阎评：《奥运吉祥物的符号寓意及其跨文化接受——兼谈吉祥物设计的产业延伸》，《深圳大学学报》，2010年第1期。
❸ 张博文：《从奥运会品牌视觉形象看吉祥物的设计要求》，《开封大学学报》，2011年第2期。
❹ 赵冯冯：《奥运吉祥物与衍生品的设计研究》，硕士学位论文，齐鲁工业大学，2015，第19页。

举办地的民俗文化，也成为精神审美需求的集大成者。吉祥物的设计过程中力争尽善尽美并重点强调其文化传播价值，因此冬奥吉祥物也是兼具文化形象和符号传播功能的时代审美产物❶。

冬奥吉祥物设计通过审美艺术形式对举办国文化和奥林匹克精神等理念进行深度剖析，对选取的素材进行审美性形象提炼与整合，凭借突出的视觉文化特征，成为文化传承的重要载体。

从中不难发现，冬奥吉祥物具有人类审美共性和地域文化特性，其独具特色的艺术形象将世界性与民族性、传统性和现代性、现实性与审美性相结合，促进了世界多元文化的沟通与交流。作为关注度极高并深受追捧的艺术形象设计，冬奥吉祥物建立了人与人之间沟通交流的桥梁，成为人们共同讨论的话题，激发了人们对体育竞技的热情，也增加了人们对举办国优秀传统文化的兴趣。冬奥吉祥物不仅是简单的符号，更代表了冬奥会的文化内涵，向全世界传递了友谊、和平和追求卓越的精神理念。

三、冬奥会吉祥物与国家形象

奥运会作为一项国际性的体育文化活动，不仅代表人类文明进步，更是国家综合实力的集中体现。同时，通过举办奥运会还可以促进举办国发展增强群众、国民和社会的凝聚力，激发社会活力与发展潜能，提升人民身体健康水平和社会福祉。例如，我国通过举办2022年北京冬奥会，强化了中华文明与世界多元文明的互动与融合，诠释中华优秀传统文化对奥林匹克文化的理解；展现中国在国民经济建设、文化建设、思想建设、体育建设、科技建设等方面的辉煌成绩，构建良好国家形象，提升我国文化软实力；以发展冰雪文化为基础，借助冬奥会的舞台宣传奥林匹克精神，推广冰雪运动，推动"三亿人参与冰雪运动"宏伟目标的顺利实现，满足人民群众的物质、精神文化需求。与此同时，通过此次冬奥会，我国积极加强对内文化塑造，增强文化自信，提升中华民族凝聚力，促进我国经济多元化发展，助推冬季体育和体育产业实现跨越式发展。

国家形象是重要的无形资产，能够影响本国家在国际事务中的话语权和影响力。国家形象是一个国家民族特征和民族精神的文化体现，民族精神是一个民族赖

---

❶ 石晶：《审美视域下第22届冬奥会吉祥物设计的衍变及启示》，《冰雪运动》，2013年第3期。

以生存和发展的精神支撑，国家形象是多方面因素共同作用的结果，各因素之间相互作用、相互渗透，构成一个相互影响的整体，从不同角度、不同维度反映着国家形象，任何因素对国家形象的塑造都有着不可替代的作用和影响。20世纪90年代，美国学者巴洛古认为，国家形象可以理解成公众对于某一国家所形成的客观感受和总体印象，是个体基于这一国家所有变量而形成的总体国际印象[1]；国家形象是个人对某一特定国家的经历、体验、感受及印象的总括，还包括这个人对这一特定国家的情感。孙有中提出，国家形象有国内形象和国外形象之分，是国内外公众对于一国政治、经济、文化和地理等方面评价与认知的综合产物[2]。张毓强在其研究中指出，国家形象是主权国家借助特定媒介输出的信息在公众意识中留下映像后形成的客观形象[3]。因此，国家形象包括主客观两方面，一方面，指代一个国家的客观具体形象；另一方面，包含一个国家的具体客观形象在公众意识中形成的主观印象。

国家形象具有相对稳定性，国家形象形成后会对国内外受众产生一定的心理影响和国家威望，这种印象一经形成短时间内不易改变。冬奥会吉祥物多采用图形化的视觉语言将所要表达的信息进行处理，形成一定的象征意义，诠释出奥林匹克品牌和奥运会主办国所希望传播的符号意义。除了对主办国文化符号的提取，其国家特色及当代建设成果也常常以抽象的视觉语言形式被表现出来，以彰显主办国的经济文化发展面貌与国家实力。在冬奥会吉祥物的艺术形式建构中，通常将文化象征符号进行艺术化提炼，以象征隐喻语言形式凸显吉祥物的造型、色彩及相关图形，最终形成民族识别度较高的视觉效果，让人产生对所属民族或国家的认同感与归属感。因此，通过奥运会吉祥物，可以深度解读奥林匹克精神的和平与友好，展示国家民族对世界的理解和认识，进而为民族文化、国家形象的表征意指实践服务。所以，冬奥会吉祥物承载了对主办国过去文化及未来文化的形象建构，通过文化形象、国际形象、公共价值等符号功能，形成国家形象建构。

（一）国家形象传播

学者们关于国家形象传播的界定，有的偏重文化，有的侧重政治，有的比较综合。拉里·萨默瓦认为跨文化交流是指拥有不同文化感知和符号系统的人们之间相

---

[1] S.Baloglu, K.McCleary. "A Model of Destination Image Formation". *Annals of Tourism Research*, 1999(4).
[2] 孙有中：《国家形象的内涵及其功能》，《国际论坛》，2002年第3期。
[3] 张毓强：《国家形象刍议》，《现代传播》，2002年第2期。

互交流、相互作用的过程❶，可以将其理解为一种文化编码后在另外一种文化语境中解码的过程。支庭荣将国家形象的传播视为一种跨境宣传本国形象的政治性传播过程❷。张昆将国家形象传播理解为一国通过多种渠道将含有本国丰富文化符号的信息传送给他国，从而形成国家形象的系统化程序❸。是以，我们所讨论的国家形象传播是一个国家按照本国的宣传需求，通过系统性的传播程序将本国文化信息传向世界的过程，这一过程中，传播者和受众都有一定的主观能动性。

一方面，国家形象传播涉及的主体不同，将政府作为国家形象传播主体，其单一主体说的观点得到学界广泛认可。事实上，各国在政治、经济和文化等层面的交流日益密切，使国家形象传播主体日益多样化，除国家、政府外，企业和国民也是国家形象传播的主体❹。更进一步，国家形象传播主体不仅有本国政府、企业及个人，还有国际行为主体，他国、国际组织等❺。

另一方面，国家形象传播的受众群体存在差异，分为国内和国外传播两种不同的文化群体。由于文化背景、意识形态、民族因素、知识结构的差异，受众群众对国家形象的认知和评价呈现出多样性。在大多数情况下，国家形象传播面对受众群体差异较大。根据主体与受众关系的不同，具体设定目标受众，应作适当区分❻；制定传播策略时要根据受众特点有针对性地提升传播的有效性和长久性。冬奥会吉祥物的受众群体设定应尽可能满足不同层次群体、不同时空语境的审美心理，增强冬奥会与大众的联系，为吉祥物文化传播创造环境，增强吉祥物的文化传播功能。

（二）冬奥会吉祥物对国家形象的影响

冬奥会吉祥物与国家形象传播关系密切，随着现代信息化的发展与进步，国家形象的传播有了更为丰富的传播渠道，国家制度的宣传和文化认同心理的达成，始终是现阶段国家形象传播的核心意义❼。基于冬奥会文化的广泛性与周期性，世界各国在冬奥会期间都会使用多种媒介手段传播自己国家形象、传播国家主流价值观、塑造正面国家形象。主办国会通过国家媒介体系，通过不同传播途径传播利于国家形象构建的文化信息，并使其尽可能地被国际公众所接受，继而在国际范围内

---

❶ 萨默瓦、波特：《跨文化传播》，闵惠泉等译，中国人民大学出版社，2010年，第47页。
❷ 支庭荣：《国家形象传播——一个新课题的凸现》，《中国广播电视学刊》，1996年第7期。
❸ 张昆、徐琼：《国家形象刍议》，《国际新闻界》，2007年第3期。
❹ 陈世华、韩翠丽：《对外出版与国家形象传播》，《编辑之友》，2012年第9期。
❺ 李彦冰、荆学民：《国家形象传播研究的几个问题》，《国际新闻界》，2010年第6期。
❻ 程曼丽：《大众传播与国家形象塑造》，《国际新闻界》，2007年第3期。
❼ 刘国强：《国家形象传播：作为国家认同双重机制的考察》，《求索》，2010年第9期。

赢得大量国家意识形态领域的认同。

如何利用冬奥会吉祥物等视觉文化持续有效地传播国家形象，让世界了解本国的自然人文，是很多主办国面临的共同问题。信息技术的发展为新媒体传播国家形象带来便捷，互联网、直播卫星电视、智能手机的使用，让大量关于国家形象的信息在第一时间传播出去❶，让国际受众及时了解某国所发生的事件，继而做出判断和评价。具体讲，主办国要高度重视国家形象传播工作，并为此做长远、细致、科学合理的传播规划，一是重视国家宣传网站、宣传资料、海外推广等策划和包装；二是重视国内外新媒体的广泛作用，积极为国内外各媒体提供传播信息资料；三是利用国际大媒体的知名度，播放与冬奥会吉祥物等视觉文化相关的宣传片；四是重点培养部分有关专业人才，专门进行国家形象传播研究等。

索契冬奥会申办与承办期间，俄罗斯奥组委就调动全国人民的智慧，使用全国公投的方式选择吉祥物，使尽可能多的人参与到冬奥会吉祥物的选择设计工作之中。此项工作于2010年9月正式启动，评审委员会收到2万多份设计方案并从中初选出11个候选方案，其原型包括棕熊、雪豹、俄罗斯套娃、野兔和灰雀等，每个形象均有其独特的形象和良好的寓意。此次评选活动中，俄罗斯公民可通过手机短信等方式参与投票，评选出自己喜好的设计方案。据不完全统计，参与这次投票的约有140万人。2011年2月26日晚间，俄罗斯奥委会通过国家电视台第一频道以现场直播的方式向公众揭晓了投票的最终结果，即手持滑板的雪豹、脖戴绿色围巾的北极熊和唱歌跳舞的兔子。最终，俄罗斯奥委会将雪豹手持滑板的形象修改成了登山运动员的形象，北极熊脖子上的围巾由绿色换成了蓝色，兔子的脖子被加入了蓝色领结的元素，由此，形成救生员形象的雪豹、舞动的兔子和憨厚的北极熊的冬奥会吉祥物。这种全民参与的文化过程，扩展了冬奥会吉祥物的传播广度与深度，同时对国家形象构建起到积极的作用。

冬奥会吉祥物的原型多取自举办国特有或有代表性的动物形象，同时包含了举办国的社会面貌、经济发展和历史人文等内容并赋予其鲜活的实体形象。2010年加拿大温哥华冬奥会吉祥物设计过程中就以加拿大原住民民间传说中的大脚野人和标志性动物虎鲸为灵感来源，大脚野人魁特奇因为对冲浪的热爱而喜欢上了滑雪这项运动，同时因为对冰球运动的热爱而成为米加的伙伴，共同开启了温哥华的神秘探索之路❷。该届冬奥会吉祥物反映了温哥华对海洋万物的包容和喜爱，民间故事

---

❶ 范红：《国家形象的多维塑造与传播策略》，《清华大学学报》，2013年第2期。
❷ 王建平、文慧玲：《符号学视角下冬季奥运会吉祥物体育文化研究》，《武术研究》，2020年第12期。

的运用也展现了温哥华是一个充满梦幻色彩的国家。由此,世界了解温哥华的民间故事,感知温哥华特色的地理生态样貌及爱好和平的文化魅力。

现代冬奥会产生了各种风格和造型多样的吉祥物。每个独一无二的吉祥物都富有活力且个性鲜明,同时体现了友谊和公平竞赛的奥林匹克理念。近几届冬奥会中,吉祥物的作用日渐明显并不断得到加强。奥运会将吉祥物拟人化并将其价值扩大,赋予实际形象并为人们广泛接受。这是当今冬奥会识别项目中其他形象所无法比拟的,鲜活的吉祥物形象将其性格展现得淋漓尽致,可以预见,未来的冬奥会吉祥物将会更精彩。

四、小结

冬季奥运会吉祥物本质上同夏季奥运会吉祥物一样,均是带有吉祥祝福含义的奥运视觉形象元素。受冬奥会比赛环境、比赛项目、比赛形式和参赛群体等因素影响,它所呈现的具体状态与夏奥会吉祥物有很大不同,遂形成自身独有的文化特征。吉祥物的设计不仅要诠释主办国对于奥运精神的理解,还要集中展现冬奥会的创新观念,准确把握冬奥会日益增长的多元时代特征和发展趋势。与此同时,吉祥物的教育意义也应当被我们关注,借助吉祥物生动形象向全球观众尤其是青少年群体传递友谊、团结和公平竞争等核心理念,培养较为全面的国际视野和健康生活方式,进一步开发和拓展冬奥吉祥物在奥林匹克文化中的功能与价值。

此外,冬奥吉祥物的设计同样应该最大限度地避免过度商业化的问题,以可持续的理念和方法进行设计和开发,并且要采取切实有效的措施以保护其知识产权。在设计、宣传和推广的过程中,需关注现代传媒和传播方式变化对其影响,不断增强传播途径并保证其传播的有效性;更加关注吉祥物的立体化细节设计,形成实体吉祥物形象,使吉祥物变得鲜活而非遥不可及。

冬奥会吉祥物与国家形象紧密相连,一个国家的冬奥会吉祥物可以反映这个国家的政治、经济和文化的发展现状,让世界人民更加直观地认识到该国的政治、经济与文化内涵。吉祥物作为文化输出的端口,也影响着其他国家的吉祥物设计。总而言之,吉祥物物质要素和非物质要素要完美地体现国家形象,它代表了各个国家同世界人民交往交流的意愿,是展现国家风采的重要平台。

第四章

冬奥会主题性美术与国家形象建构关系研究

《蓝墙》 水彩 80cm×115cm 2019年 郭世杰

国家形象是国家客观状态在公众舆论中的投影，是社会公众对国家的印象、看法、态度和评价的综合反映，更是一个国家软实力的重要组成部分，良好的国家形象是一国建构良好国际关系的重要基础❶。现如今，文化传播与国家形象有着密切的联系，通过有效的文化传播可以塑造国家在国民内心与国际上的良好形象，为国家建设更好的国内环境和国际关系创造有利条件。

作为世界上冬季项目规模最大、竞技水平最高的综合性体育盛会，冬奥会在全球具有广泛的知名度和影响力，是受到全球瞩目并影响世界社会文化发展的一项重要体育赛事。具体而言，第一，在成效上，冬奥文化向世界传播的信息已远超体育文化的范畴和意义，其影响渗透到政治、经济、社会和文化等不同方面，凭借冬奥会展示国家形象、提升国家知名度和美誉度，是全球多国进行形象建构与文化传播的重要路径。第二，在政治上，良好的国家形象对于增强国际影响力、提升国际话语权具有重要的现实价值，有利于宣传本国的政治理念和经济文化诉求，获得不同国家和地区的接纳与认可，增强国家公信力❷。第三，在经济上，塑造良好的国家形象，其产生的光环效应和积累效应将对跨国经济合作及企业的全球化布局产生重大影响，既增强本国与国际的经济往来，也可借此完善国内经济发展制度政策、优化经济发展体系、促进国内经济更好更快发展。第四，在文化上，国内层面，可以从宏观层面纵深调控体育文化领域机制的改革与发展，通过文化创新引领冰雪文化建设，促进冬季体育运动的核心竞争力，推动文化繁荣发展；国际层面，可以提升国家文化传播媒介实力和艺术水平，扩大文化国际交流，提高国家文化软实力和国家形象，进而凸显国际话语权的塑造力和影响力。

随着时代与社会发展，当下主题性美术创作不断迎来新课题，"怎样用好视觉艺术的渲染力、感染力，通过视觉图像的叙事描绘呈现社会的时代特征，是回应新时代美术创作发展的重要议题。一方面，视觉艺术表达要重点贴合社会特征与时代主题，其关键在于明确中华优秀传统文化、革命文化和中国特色社会主义先进文化融入社会建构的方法和路径。运用视觉语言的规律响应和传递时代诉求，描绘具有时代色彩的真实影像和宏伟蓝图。另一方面，艺术家提升图像叙事能力要从国家发展规划、艺术理论研究前沿和民族意志的文本材料出发，使艺术家个体具备呈现中华民族精神、展现国家风貌的艺术创作水平，也是当前时代发展对艺术家创作能力的新要求"❸。意蕴深厚的主题和内涵丰富的创作语言将使得国家、社会与艺术家个

---

❶ 刘小燕：《关于传媒塑造国家形象的思考》，《国际新闻界》，2002年第2期。
❷ 胡怡：《体育传播与国家形象塑造》，《湖北社会科学》，2005年第12期。
❸ 于洋：《图像叙事与艺术真实——当代中国主题性美术创作的本体规律与焦点问题》，《美术》，2018年第8期。

体产生紧密的联系，由此，主题性美术创作是彰显国家意志的重要途径，作品的塑造要与时俱进，反映时代诉求和精神审美的需求。

一、主题性美术与社会文化发展

美术作品是重要的文化载体，对于国家形象的塑造有着特殊的作用，即通过强大的视觉渲染力和感染力，以及独特审美意趣，达到建构并传播国家形象的系统性工程。一方面，主题性美术创作是主旋律绘画的重要形式，其作用在于传递国家意志、宣扬政治理想、传播时代新风、宣传模范先锋，表现正面题材的主旋律绘画是图绘视觉史诗的重要形式。另一方面，主题性美术创作是以时代的普遍文化追求和审美诉求为依据所展开的有目的、自觉的美术创作活动。它以重要的历史事件和典型而感人的现实事例来体现时代崇高的文化追求和普遍的情感要求，反映社会大众共同的精神价值和文化理想。是以，主题性美术创作的当代性特征突出地表现为时代精神和文化追求。

21世纪以来，我国先后组织多次主题性美术创作工程。例如，2012年的中华文明历史题材美术创作工程、2016年的国家主题性美术创作项目、2019年的不忘初心继续前进——庆祝中国共产党成立100周年大型美术创作工程和2020年中国美术家协会成立国家重大题材美术创作艺术委员会等，创作了大量贴近国家历史和体现国家发展与新变的主题性美术作品。它们既是时代普遍的文化审美诉求，也是时代高水准的艺术呈现。艺术家们肩负起记录、书写与讴歌新时代的使命，奋力描绘出独属于新时代发展面貌的精神图谱。他们通过手中画笔叙述中国故事，为时代画像、为时代立传、为时代明德，建构国家形象、传承中华文化、展现文化自信，成为宣传和推动国家文化发展、建构国家形象的重要力量。

进入新时代，主题性美术创作秉持国家文艺方针政策，履行国家形象塑造的时代使命，于内促进民众凝聚广泛共识，于外弘扬塑造国家形象、传播国家意识。相较于中国传统美术、西方现代美术，其艺术创作的现实功能、表现内容、价值取向和风格图式等均有明显改变，由此也促使中国当代美术衍生发展出别具特色的精神面貌。审视时代背景、文艺政策与美术作品三者间的关系，探索解读美术作品创作的核心命题可以发现，新时代中国主题性美术将"以人民为中心"作为美术创作的第一理念，其最主要作用在于塑造国家形象与彰显文化自信。为塑造新时代中国形象，主题美术创作着重传递呼应时代精神的价值体系，传播弘扬中华优秀传统文化，以国际社会和国家发展背景、社会生活面貌、社会结构和人民需求为基础，以强化国内人民群众的情感认同、文化认同，呈现中国精神和魅力文艺为目标。

从艺术创作角度看，主题性美术创作对画家的思想境界、绘画技法和创作视角提出了更高的要求。艺术创作者必须储备深厚的知识信息，全面、准确和深入地把握作品传达的时代主题与历史背景并选定恰当的风格技法，精准地描绘人物、设计构图和故事情节。总而言之，主题性美术创作对于艺术家创作能力的锻炼和提升起到良好的效果，随着主观艺术感知融入时代的浪潮，也将更好地唤醒艺术家的文化自觉。为达到美术创作的最佳效果，艺术家应当体验感受表现对象和现实生活，以确保作品强大的艺术张力。由此，主题性叙事能够与艺术语言相互结合，绽放出强大的艺术感染力。

新时代主题性美术应紧紧围绕"人民"与"国家"核心定位，为国家形象建构而努力。首先，以为国为民的宗旨引领艺术关注现实，主题性美术中的主题就是人民情感、生活状态及追求美好生活的奋斗历程，要根植民众，促进中国当代美术创作事业持续发展；美术创作要贴合人民需求，用发现的眼光找寻新时代人民群众的新思想、新面貌、新成绩；努力表现与时代文化语境相契合的图像楷范。其次，抒写文人意趣之上的家国情怀，价值观层面要彰显民族自强、文化自觉，积极开展艺术现代性探索，创新艺术形式，提升创作水平；秉持主题性创作与国家形象建构，增强国家认同感，强化民族精神，塑造民族气派，在全球化语境中建构贴合中国时代精神的主人翁意识。再次，整合传统与现代、东方与西方优质文化资源，积极践行国家文艺政策，弘扬传承中华优秀传统文化、革命文化和中国特色社会主义先进文化。坚定文化自信，使民间美术元素在新时代焕发出绚丽光彩，借鉴吸收西方美术领域的优秀创作理念，学习借鉴世界优秀艺术成果，推动东西方美术交流互鉴，巩固提升民族美术方位。最后，兼顾主旋律与多样性美术创作统一发展，努力实现主题性美术创作与伟大祖国认同、中华民族认同、中华文化认同、中国共产党认同、中国特色社会主义道路认同，美术创作要正确认识弘扬主旋律与满足人民群众审美需求的转变❶。总之，要坚持创作内容和形式的多样性、丰富性，从多维视角阐释时代风貌。

此外，表现民族精神、国家形象主题性美术创作应从历史文献、艺术审美、人文精神等多元角度进行整体性阐释。这就要求艺术家们着眼于艺术形象塑造的客观性、想象性和叙事性，作品创作要表现出强大的艺术张力、深邃的艺术语言和清晰

---

❶ 吉爱明：《"主题性"美术与国家形象的视觉建构》，《南京艺术学院学报》，2020年第4期。

的思路构想❶。主题性美术创作的基础在于准确理解与感知题材，借由艺术语言的运用表现创作主题的态度倾向、社会需求和人文追求，从而创作出具有深厚历史底蕴、志向远大且朴实无华的艺术作品。由此，主题性美术创作处理题材叙事与艺术表现的关系时，主要涉到两个问题：一是怎样立足新时代语境处理好时代感悟与艺术品质要求的关系；二是怎样发挥美术创作的文化引导功能，使艺术创作服务时代、服务人民。艺术个性表达在传递集体意志时，也要根据自身个性特点与艺术创新精神的自觉，不断提升艺术文化阐释的能力。

二、北京冬奥会与国家形象建构

国家形象是国内外民众对一个国家的主观印象及评价。人们对于国家形象的认知具有复杂性与多样性，很大程度上受到该国国际社会地位和国际声誉的影响。2022年，北京举行第24届冬季奥运会对呈现和构建中国国家形象产生显著而深远的影响。北京冬奥会是在中国人民大步迈向第二个百年奋斗目标的关键时期举办的重大国际活动。北京冬奥会和冬残奥会的成功举办为展现国家形象、振奋民族精神与促进世界经济文化交流互鉴带来重要机遇。冬奥会的举办始终倡导面向世界、面向未来、面向现代化，用奥林匹克精神将各国人民凝聚在一起，展现和平友好、团结合作的国家形象。

北京冬奥会根植于中华优秀传统文化的深厚土壤，将中华民族血脉中的优秀传统文化基因与新时代的时代特征相结合，展现中华民族的伟大精神气象。人文奥运也是北京冬奥会的重点目标，奥运理念的精髓与灵魂是以人为本的理念，冬奥会举办的各个环节都体现出关注人、热爱人、提升人，以及追求人全面均衡的发展。简言之，北京冬奥会全面有力地贯彻了人文奥运的理念，其核心可以概括为以人为本、以民为本、全民奥运、全民健身，在以生动实践诠释和弘扬奥林匹克精神的同时，也为21世纪现代奥林匹克文化的发展注入新的内涵❷。人文奥运的理念有力促进体育精神的普及与推广，可以增强广大人民群众对"五个认同"的理解，从而促进人的全面发展，进而实现社会和谐稳定。通过此次体育盛会，对内可以实现凝聚

---

❶ 于洋：《图像叙事与艺术真实——当代中国主题性美术创作的本体规律与焦点问题》，《美术》，2018年第8期。
❷ 胡怡、金雯雯：《体育传播与国家形象塑造》，《湖北社会科学》2005年第12期。

价值共识、建设中华民族共有精神家园、弘扬中华民族优秀传统文化、加强中华文化认同和铸牢中华民族共同体意识。

当今世界百年未有之大变局加速演进，全球政治格局和经济秩序发生深刻变化，国际社会更加希望化解分歧、团结向前、共同发展。在此背景下，中国人民和各国人民紧密携手，"一起向未来"和"更团结"相互呼应，使中国团结友好的"朋友圈"越扩越大。北京冬奥会的成功举办让世界再一次共享奥林匹克荣光，为推动全球团结合作、共克时艰发挥了重要作用，也为当前动荡不安的世界带来了和平的曙光和信心。整个盛会过程展现和传递出东方古国的深厚文化底蕴，以大道至简彰显悠久文明理念，以热情好客展现中国人民的真诚友善，以文明交流促进世界各国人民相互理解，将全世界紧密团结在一起，深度阐释了人类命运共同体的深刻内涵。

北京冬奥会的成功举办又一次彰显出中国社会主义制度在组织动员、统筹协调、贯彻执行等方面的强大力量，向世界展现出中国新时代的高效治理模式与全体人民的精神面貌。中华文化和冰雪元素交相辉映、中华文明与奥运精神和合共生，彰显中华民族雍容大度、开放包容的特质禀赋和文化基因，诠释新时代中国可信、可爱、可敬的国家形象，体现古老东方大国的智慧与担当。中国作为世界和平的建设者、全球发展的贡献者、国际秩序的维护者，其国家形象已为世界各国广泛认同，而中国也将为增进人类共同福祉、构建人类命运共同体作出更大的贡献。

三、冬奥主题性美术与国家形象关联

2022年北京冬奥会期间，中国国家形象价值在于深刻阐述中国是人类命运共同体的倡导者、建设者和维护者。讲好中国故事、丰富话语体系、展现文化自信、多渠道传播中国友善、包容的形象，向世界传递新时代中国建设发展的伟大成就，以及中国人民拥抱世界、开放共享的精神风貌和古老文明的伟大智慧，凸显中国国家形象蕴含的深厚文化内涵。与此同时，美术界紧紧围绕北京冬奥会语境下的文化叙事框架，通过大规模创作研究，全面系统地呈现新时代国家形象的目标导向和战略重心等议题，表达和平友善、公平公正、团结进步、奋斗拼搏、永不言败的奥林匹克精神和团结统一、爱好和平、勤劳勇敢、自强不息的中华民族民族精神。

奥运会为人类文明的进步提供了不竭动力。从现代奥林匹克运动中，艺术家们提炼总结出体育竞技精神，即"更快、更高、更强——更团结"，由此启发艺术家不断超越、不断升华，拓宽了艺术创作的灵感来源。奥林匹克主题文化向世界民众传递了发展与和平的全球化主题精神，运动健儿们在赛场中的奋力拼搏，点燃了艺术家们记录、描绘与讴歌新时代的激情。他们积极创新，采用多层面、多形式、多方法、多面貌的艺术图像呈现体育精神与国家形象。

在"'相约北京'奥林匹克文化节暨第22届'相约北京'国际艺术节"的筹办工作中，冬奥组委会邀请了"2022第九届中国北京国际美术双年展"入驻文化节，通过引入文化艺术活动，组委会在冬奥会期间营造起了浓厚的人文艺术氛围。本次双年展的举办规格极高，主办单位包括中国文联、北京市人民政府和中国美术家协会等单位和组织。双年展以"生命之光"为主题，重点宣传奥运精神等内容，以美术创作的形式描绘出人类生命的炙热光辉。奥林匹克圣火点亮了生命之光，为全世界人民传递出和平、友爱、光明的号召，为人类团结进步注入拼搏的勇气、团结的力量，描绘出和谐发展、团结共进的美好蓝图。双年展创作内容涉及奥运历史事件、运动项目、场馆建筑等。此外，北京作为冬奥会的举办地，展出了部分描绘北京人文风采、奥运情缘和记录场馆建造施工中的佳作，作品涵盖中国画、油画、版画、雕塑、综合材料绘画和影像等多媒体艺术；张家口作为冬奥联合举办城市，其城市风貌也成为艺术家创作的热点主题之一，在多篇参展作品中均有表现。

北京双年展的成功举办将多元艺术形式充分融入美术场馆的空间设计，完美展现了中华文化倡导交流互鉴、美美与共和海纳百川的精神内涵。双年展也为世界人民了解中国、理解中国、热爱中国搭建起国际文化交流的平台，为艺术推动人类命运共同体构建提供了成功案例经验。文明融汇、用心交流，北京双年展有力促进了世界人民交流，凝聚真挚情感的艺术作品展现人民向往和平、追求发展的时代风采。

由中国国家画院主办，中国国家画院创研规划处、山水画所、人物画所、花鸟画所、书法篆刻所、油画所、版画所、雕塑所、中国国家画院美术馆、《中国美术报》社承办的"天地人和——中国国家画院2022北京冬奥主题美术·书法作品展"围绕冬奥会展开主题性创作，共展出200余件作品，涵盖国画、油画、版画、雕塑、书法、篆刻等各艺术门类。美术创作为冬奥会的成功举办贡献了力量，艺术家们为世界塑造出了伟大的中华民族精神形象，努力展示一个生动立体的中国，以作品为北京冬奥助力，祝愿北京冬奥圆满成功。

由河北省文联主办、河北省美术家协会承办的"魅力冬奥会文艺铸辉煌"河北省主题美术作品展紧扣冬奥主题，题材多样、风格各异，涉及的门类包含中国画、油画、版画、雕塑、水彩画、年画等。此次冬奥会主题性美术展览将美术之静与体育之动完美融合，使观者领略到冬奥竞技与美术作品的独特魅力。为办好该展览，河北省文联、河北省美术家协会多次组织美术家前往张家口崇礼写生采风，开展了一系列冬奥主题美术写生、采风、基层辅导、交流培训活动，组织创作出一批激情迸发、丰富多彩的主题美术作品。以艺术的形式传播奥林匹克精神、弘扬中华优秀传统文化，展现新时代的精神气象，承载着河北艺术家对举办精彩、非凡、卓越冬奥盛会的美好祝愿。

作为北京冬奥会的分会场，张家口积极筹办相关主题性美术创作活动。由张家口市委宣传部、张家口市文学艺术界联合会主办、张家口市美术家协会承办的"精彩冬奥会·魅力张家口"美术创作活动积极筹备，先后组团七上崇礼滑雪场，多次召开作品创作研讨会，探索冬奥会主题性美术的创作问题。画家们以极大的创作热情走进崇礼冬奥会场馆，走进冬奥会配套设施，用笔墨和色彩记录建设者、参与者和志愿者的奋斗足迹，刻画滑雪健儿全力以赴备战冬奥的精彩瞬间，描绘壮美雪景、大美雪原，将自然之美、奋斗之美、运动之美、文化之美交融，通过美术创作表现出璀璨的艺术之美。

冬奥会主题性美术在中国美术界达成广泛共识，即如何运用美术图像形式来诠释体育精神和中国形象，向国民和世界展现冬奥文化之美和伟大祖国的国家形象。随着新时代中国国家形象建构意义的清晰，主题性美术透过美术作品形象反映时代要求、人民愿望及国家意志逐渐成为主流价值。冬奥会主题美术创作对国家形象的建构与表现主要通过描绘主办国国家发展面貌的方式实现。近年来，我国主题性美术创作紧扣文明、崛起、和平和活力等关键词，着力彰显中华文明源远流长、维护世界和平重任与蓬勃发展的大国形象。艺术家们灵活运用各类艺术创作手法，真实记录中国人民在各行业、各领域用智慧和汗水创造的伟大成就，通过美术作品与各国人民产生情感共鸣，传播新时代中国新发展理念。

归根结底，冬奥会主题性美术既是对当代冬奥体育文化的艺术阐释，也是对中国国家集体记忆的文化自觉。重要的是，美术创作要真实记录历史与现实、艺术性地表达冬奥主题，以真挚情感吸引人、感动人，由此塑造出真实生动的国家形象。冬奥主题美术创作过程中要把握好奥林匹克精神的核心要素，从彰显人类和平进步的世界体育盛事中汲取精神力量。愈发多样的社会生活形态也能够为艺术创作提供灵感源泉，要体验了解世界各国人民的生存状态，灵活运用艺术语言创作与民众精神需求相契合的艺术作品，为拥护奥林匹克盛事的社会各界人士展现出全球多元的文化魅力。

就效果而言，艺术家们可以选取不同思维视角，运用艺术表现技巧启发主题构思灵感，最终取得预期艺术效果。这也对艺术家的艺术创作主动性提出新要求，例如绘画作品中要彰显冰雪运动竞技精神，抓住运动员奋力拼搏的精彩瞬间。创作者必须综合考虑创作设计布局、运动员竞技动作和主体画面构思等诸多问题，用以衬托主题和凸显层次效果，由此勾勒人体的动作造型。适当的艺术夸张技巧也是增强作品感染力的有效方式，如人体的动态结构、画面色彩等均可以进行适度的抽象化表达。人体的运动美感要从不同视角展现，通过透视肢体变形表现运动员灵活多变的动作形态并突出肌肉与形体的线条特征，加之创作者对创作风格和艺术语言的独特理解，体育绘画作品能够呈现出与众不同的视觉画面。

四、冬奥主题性美术与国家形象路径

（一）加强顶层设计，坚持价值引导

各级政府要根据党和国家推进体育事业发展的顶层设计，坚持"以人民为中心"的创作原则，即美术创作的最终目标归根结底是为人民幸福生活与实现中华民族伟大复兴的中国梦服务。

新时代背景下，体育被赋予新的物质、制度和精神文化内涵，对体育发展提出更高标准与要求。冬奥会主题性美术要以党和国家全面发展体育事业的顶层设计为依据，坚持中国特色社会主义思想体系为引领，将社会主义核心价值观融入艺术创作中，以艺术文化阐释体育发展理念。通过主题性美术叙事图像的独特功能加强人民群众"五个认同"意识，以铸牢中华民族共同体意识为主线，建设各民族共有精神家园。坚持以人民为中心，大力弘扬冰雪体育文化，以满足人民群众对美好生活的需要，营造体育中国梦的良好社会氛围。

（二）更新创作观念，加强信息传递

新时代，冬奥会主题性美术创作应围绕党和国家关于体育文化和艺术文化发展的指导思想开展工作。首先，凸显新时代中国特色社会主义现代化特色，弘扬中华优秀传统文化，彰显中华民族精神，用民族的、大众的、艺术的美术作品塑造国家形象。其次，要重视冬奥文化的持续价值，与国家冰雪文化长期发展规划相统一，避免北京冬奥会结束就失去冬奥会主题性美术创作的动力，要随着国民需求和国家需求变化而不断调整自身发展规划。最后，冬奥会主题性美术要强调为社会主义事业发展服务，把握时代机遇推动体育强国建设、全民健身战略和实现中华民族伟大复兴的中国梦。冬奥会主题性美术要坚持大众化路线，借助自身独特文化优势、普及冰雪运动、宣传冰雪故事、壮大冰雪人口，使更多人参与冰雪运动，加入体育强国的行列❶。要立足构建人类命运共同体高度，始终以人类命运共同体理念为行动指引，为中国在世界营造良好国家形象，为塑造负责任的国家形象而创作。

  信息传播是国家形象塑造的重要手段之一。信息传播方式大致包含五类，即人内、人际、群体、组织与大众传播。信息传播方式的优势和特点不尽一致，其中媒体是影响力最强、覆盖面最广的传播方式。冬奥会主题性美术要重视媒体宣传，在人民群众中产生影响。坚持利用社会公共文化资源（美术馆、展览馆、博物馆、文化广场等线下文化资源）和新媒体文化资源（线上美术馆、网络传媒、新闻媒介等）向社会推广宣传，争取成效最大化。掌握冬奥文化主动权，利用政府资源主办国际性冰雪文化主题美术展览，用艺术的形式向世界宣扬中国国家形象，同时发挥主流媒体的舆论引导作用和社交媒体的辐射功能，多元传递良好国家形象。增强国内民众对国家形象塑造的认同，大力宣传冬奥文化对于改善国家形象的重要意义，通过举办各类冬奥主题性美术创作展览活动，不断提升国民的主人翁意识和社会责任感，促其自觉投身冬奥会国家形象的建设之中❷。

（三）紧贴时代要求，讲好中国故事

  为世界人民展示真实发展的中国，对于新时代建设中国国际影响力具有重要价值。中国故事讲述的内容以中国社会传统、文化价值观为主，成为传递和塑造国家形象的重要载体，中国故事激发的情感共鸣在此过程中起到黏合剂作用，形成晕轮效应，受众潜意识中不自觉地形成了良好中国国家形象❸。冬奥会主题性美术以北京冬奥会为载体，通过体育相交、文化相融、文明相通，紧扣各国人民相互尊重、相互理解的精神纽带，积极传播人类命运共同体的文明理念，有利于展示中国文明崛起的大国形象❹，引导受众了解中国并由此产生亲切感、向往感，积极正面的国家形象由此

---

❶ 王恒利、周文静、王立燕：《新时代下北京冬奥会的使命传承》，《哈尔滨体育学院学报》2018年第4期。
❷ 王莉：《疫情背景下北京冬奥会与国家形象塑造：理论逻辑与实践路径》，《河北体育学院学报》2021年第5期。
❸ 马立明、黄泽敏：《中国国家形象建构的逻辑演变及其深层原因——以2022年北京冬奥会开幕式为例》，《对外传播》2022第3期。
❹ 范玉刚：《以文化创意和科技创新赋能北京冬奥》，《国家治理》2021年12月。

建构。

  推动冬奥会主题性美术与国家形象建构最根本的是要创作出无愧于我们这个伟大民族、伟大时代的优秀作品。基于时代语境诠释价值理想、把握审美特点、升华精神内蕴，由此推动艺术形式取得创新发展为实践时代精神拓展新的路径。主题性美术创作要兼顾思想性、艺术性和观赏性，融入新时代中国价值观念与中华优秀传统文化内涵。用美术的文化形式给世界了解中国提供一个独特的视角，发挥出美术作品独特的艺术文化魅力。艺术家们要担负起讲好中国故事、传播好中国声音的时代使命，创作出冬奥会主题的精品佳作，为新时代中国特色社会主义核心价值观和社会风貌提供注解，使外国民众借此增进对中国的认识与了解。通过把握这一契机，面向世界宣传推介中华优秀传统文化，使国外民众感知体验中华文化魅力，加深对中华优秀传统文化、革命文化和中国特色社会主义先进文化的认知和理解。

五、小结

  在世界未有之大变局背景下，中国应以此为契机，将全球发展存在的问题化为助推构建人类命运共同体的时机。坚持以人类命运共同体理念为行动指引，以塑造负责任大国的国家形象为战略定位，强调人类团结对促进奥林匹克运动可持续发展所具有的重要推动作用。通过多元文化传播和弘扬中国在北京冬奥会创建的冬奥精神，广泛争取国际认同，增强人类命运共同体意识。依托冬奥会文化遗产，推动冰雪文化的建设发展，依靠艺术文化凝聚国内各民族价值共识，不断铸牢中华民族共同体意识；以人民为中心，满足人民群众对美好生活的向往。

  简言之，冬奥会主题性美术创作必须以多视角真实记录社会发展面貌、书写时代华章。多视角阐释北京冬奥会精神的深刻内涵和伟大意蕴的重要原则即坚持中国本位和民族特色，把握导向、整合资源、拓宽视野、创作精品；坚守中国本位和民族特色、强化导向意识、整合文化资源、创新发展路径、提升创作水平，积极推动美术创作繁荣发展；描绘时代精神图谱，提升国家形象，创作出无愧于民族希望的时代优秀作品，不辜负新时代中国人民赋予艺术家们的伟大历史使命。

第五章

设计人类学的发展脉络及文化属性

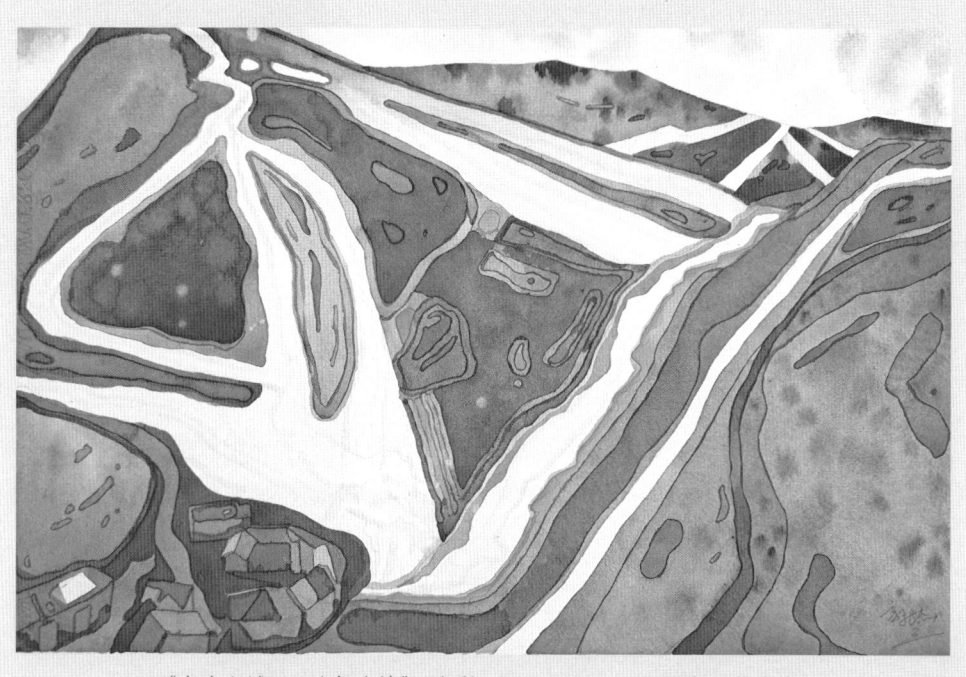

《冬奥之城——太舞小镇》 水彩 37cm×53cm 2022年 郭世杰

前文我们谈到设计在冬奥会文化活动中对促进国家形象建构上发挥的关键作用。从传统设计角度上审视，人们更倾向于将设计视为社会文化活动的辅助性文化媒介，却有可能忽视设计的主体性和多样性，导致设计本身所具有的文化属性常常被疏漏，从而造成设计者、设计对象、设计作品的使用者等缺乏连贯性，这种局部性的研究视角也造成设计学学科发展过于单一，理论与方法也很难突破自身局限获得长足持续发展。人类学拥有整体的文化视野、深厚的人文精神、科学的研究方法等学科优势，逐渐成为其他学科推动自身发展的重要资源和方法路径。基于设计学自身学科发展的局限性，很多设计学家开始借用人类学理论与方法来完善本学科存在的不足，将设计学与人类学交叉融合，逐渐发展形成设计人类学，对设计学研究领域进行扩展，其研究内容也日渐丰富，社会影响力进一步扩大。

美国应用人类学家沃森（Christina Wasson）将设计人类学解释为"人类学家和设计师、其他领域从业者合作，开发新产品和构思新概念的实践。人类学家的贡献在于以用户为对象的民族志研究，掌握他们的日常行为，阐释新产品的象征意义和社会属性；设计师和其他成员根据这些研究，发展出适合潜在用户日常经验的设计概念"[1]。刘佳则主张"设计人类学研究的主要内容包含对人工物从观察、理解、解释到深层含义的追求；把个人与社会的情景实践结合起来；强调对待人工物主位与客位的观点相互渗透、相互融合的结合；强调人工物'当前'意义与不断创新意义上的相互结合"[2]。由此可见，设计人类学的研究视野、研究内容、研究方法和研究重点等与传统设计学相比均有开创性的发展，同时对人类学研究领域进行了拓展。

一、设计人类学的发展历程

设计人类学在不同发展阶段展现出不同的文化特点，设计学家和人类学家从多样化的视角研究并丰富了设计人类学的理论体系、研究方法和实践成效，对设计人类学学科发展作出贡献。

在人类学发展过程中，人类学家将设计所依靠的物质载体作为实现社会结构研究的独特媒介，即依靠不同的空间设计布局来认知当地的社会文化结构，从而加深对当地文化的理解。如路易斯·亨利·摩尔根（Lewis Henry Morgan）根据美洲土

---

[1] Christina Wasson, "Design anthropology," *General anthropology*, 2016(2): 3.
[2] 刘佳：《工业产品设计与人类学》，中国轻工业出版社，2007，第5页。

著房屋设计及使用规则来探讨房屋与家庭生活的紧密关系,从而将建筑设计结构与社会结构联系起来。克洛德·列维-斯特劳斯(Claude Levi-Strauss)依靠村落空间设计来解析当地的社会结构,他认为社会结构和居住地、村落或营地的空间设计结构之间存在明显的关联,空间配置是社会组织的镜像。他在对保尔·雷丁关于北美五大湖部落——温内巴戈人两个偶族村落空间布局(径分结构)、马林诺夫斯基关于特罗布里恩群岛的奥马拉卡纳人的村落设置(同心结构)和南美洲民族博罗罗人村落结构(径分结构+同心结构)进行比较分析,认为村落空间布局与婚姻法则有关,即村落空间布局受到亲属关系结构的影响,也规定了男女性别在享受村落空间的权利与禁忌❶。此外,在《忧郁的热带》一书中,列维-斯特劳斯通过对亚马逊丛林中博罗罗人居住的客贾拉村的空间结构剖析,集中分析了村落建筑布局与村落部族社会的分层关系、意识形态之间的联系,揭示出波洛洛人村庄的空间结构与其文化意识的同构性,并从中抽象出"人类社会总体结构决定文化意识"的普遍性原理。

随着社会发展,人类学家不再将非西方的社会与文化作为研究的唯一对象,他们在批判与反思中开始将研究转移至西方自身的社会文化上,并伴随工业革命创立了都市人类学、工业人类学、商业人类学、伦理人类学等诸多人类学分支流派。与此同时,与现代工业社会紧密相连的"设计"自然而然地成为人类学关注的对象,在设计学家和人类学家共同推动发展下逐渐形成设计人类学,并将设计人类学的关注重点放在人与物质、生产和使用之间的关系研究上。然而,真正达到设计与人类学相结合是伴随20世纪初全球化发展引发的跨国公司设计产品与服务市场而进行的,为更好地加强文化沟通交流,催生出设计民族志。人类学家的民族志文化研究方法被充分运用到跨国公司设计产品和服务市场的全球扩张行为中,促进设计学与人类学之间更深层次的合作。20世纪30年代,设计师与人类学家紧密合作,通过对美国西方电气公司霍桑工厂进行工作条件、社会因素与生产效率之间关系的一系列实验,从而获得解决工人生产效率等实际问题的方法及发展路径,即良好的人际关系对生产效率的影响远比福利和物理条件更为重要,实现了人类学参与工业社会发展的独特价值功能。其后,设计师与人类学家将研究焦点放在工业组织中的商业管理方面,"聚焦于工人行为和心理,或飞行员对于机械的操控,以防止意外事件,并且研发出各种工业产品和设备"❷。此时期的设计人类学更加倾向于设计实践、企

---

❶ 克洛德·列维-斯特劳斯:《结构人类学》,张建祖译,中国人民大学出版社,2006年,第141-171页。
❷ Wendy Gunn, Ton Otto and Racgel Charlotte Smith, *Design Anthropology: Theory and Practice*, London: Bloomsbury, 2013, p5.

业文化管理等方面，用以加强社会组织团结和促进产品生产效率。

20世纪70年代，随着人类学快速发展，民族志的研究理论方法进一步为设计学界所熟知并被使用，用以解决设计过程及设计产品中的文化问题，如强调设计师走进现实世界通过参与式观察体验发现社会文化的意涵，从而形成反思并提升设计的整体性文化研究能力及设计作品的社会适应能力。人类学界开始关注商业发展带来的社会文化变迁，从而将商业文化设计与社会文化背景深入地融合在一起。

20世纪80年代，应用人类学创始人露西·萨齐曼（Lucy Suchman）将研究放在人机交互设计领域，她指出"设计人类学的重要作用是它深入了解企业员工和消费者的文化和经验，为企业创造更大效益"[1]。《人机重构：方案与情境行为》是最早专题研究设计和人类学关系的著作，该书借鉴人类学理论知识与方法，阐释分析文化观念如何影响设计、推动设计的技术变革、提升设计产品用户体验等。民族志作为一种资料收集方法，在绘制工作流程、项目计划、设计情境行为、开展文化概念如何影响技术的设计和重构等方面具有重要作用，从而获得用户的真实体验和需求，提升设计品质及用户体验水平。

在新的社会发展推动下，商业人类学逐渐成为主流，人类学家将关注焦点转移至对消费者行为的观察及使用效果上。设计被视作一种物质文化，人类学的首要任务是将商业文化中的物质文化作为考察分析的对象，透过物质文化研究发现其背后的精神文化样貌并探索出物质文化与精神文化背后的社会结构逻辑关系，从而实现商业社会三种文化之间的整体关系建构。设计作为社会文化中的一个子系统，在整个社会文化运转中发挥着独特且重要的作用。从设计文化的角度，通过整体观描述、分析设计现象和设计问题，正是基于设计现象和问题的分析重新框定人类学的观念框架，并在设计问题中反思人类学内在的一系列问题[2]。商业设计在社会文化中的广泛参与，使设计成为人类社会文化中具备共享意义的关键文化结节，也为人类学研究提供了广泛的研究空间，越来越多的人类学家投入到设计人类学领域的研究，这也许是设计人类学为人类学突破自身发展局限所作出的积极贡献。

20世纪90年代，越来越多的设计企业和公司在该领域大力推进人类学理论方法应用，用以提升设计团队素质，优化设计程序。这一时期，工业设计成为设计人类学研究的重心，倾向于用民族志经验分析代码数据和用户行为。一些美国设计公司将民族志方法（参与式观察、日常消费行为、定性访谈和分析等）引入工业设计

---

[1] Lucy Suchman, *Human-Machine Reconfigurations: Plans and Situated Actions*, London: Cambridge University Press, 1987, p50.
[2] L.Suchman,"Anthropological Relocations and the Limits of Design", *Annual Review of Anthropology*，2011：15-16.

和产品开发，以此来研究用户和消费者的行为和需求。这种对用户角色的明确关注以及设计过程中设计师如何参与到利益相关者和参与者当中并做出合理的应对，为工业设计和产品开发提供了新思路，特别是用户的参与式设计得到广泛支持和应用。

20世纪末，设计师和人类学家进一步将设计民族志的研究范围和功能进行拓展，布隆贝格（Jeanette Blomberg）提出，只依靠设计民族志创新或严谨的思维方式是远远不够的，应当充分借用档案、图表、模型等技术工具，实现人类学与设计学两个领域的充分衔接❶。21世纪初，苏珊·斯夸尔斯（Susan Squires）和布莱恩·拜恩（Bryan Byrne）重点讨论了应用设计、产品设计和商业市场中民族志的价值与角色。艾莉森·J.克拉克（Alison J.Clarke）编辑的《设计人类学：21世纪物质文化》侧重从人类学视角对物质文化的文化意义、消费行为、时尚前沿以及塑造体验和产品的文化过程展开深入讨论。温迪·冈恩（Wendy Gunn）和托恩·奥托（Ton Otto）编辑的《设计人类学：理论和实践》的视野更为广阔，分析了设计中的创造力文化特征和物质文化转向，并强调了设计和事物塑造过程中创造力的社会性和突破性，为设计人类学的发展做出重要贡献。

杭间早在20世纪80年代末便在《工艺"机制"——工艺人类学联想》一文中讨论了工艺设计与人类学的关联，他的博士研究生刘佳以人类学视野对工业产品设计进行了全面深入的讨论，主张人类学理论方法可以使我们更好地认识到工业产品设计中人与人工物之间的关系，以及各种由此而产生的文化、社会现象。其后，王侃、吕明月、耿涵、李清华、关晓辉、何振纪等从不同角度讨论了设计人类学的文化特征、研究范式和实践应用等，为国内设计人类学发展作出了努力。

随着讨论设计人类学的主题愈加广泛，一种综合性的民族志方法成为现代设计人类学的必备因素，即用现代媒体（如影像、演示、信息、VR）和工具（场景模型、舞台美术、道具）来辅助设计文化行为，并在此基础上形成新的研究框架和范式。此外，学科之间的交叉性研究渐成主流，根据不同的研究主题实行跨学科之间的合作互动，将设计人类学推广到更为广阔的文化意义空间，如与教育学、生物学、艺术学、旅游学、考古学等学科的关联性研究，以此扩大设计人类学的受众群体及社会影响。可以说，文化和设计不是彼此独立的分析领域，或作为双方学科的扩展。相反，它们是彼此深度关联在一起的，而且往往是以一种并不清晰的形式或意义存在。文化始终是设计实践中不可缺少的一部分，只是在不同时代，受知识视

---

❶ Jeanette Blomberg. Ethnographic Field Methods and Their Relation to Design, D.Schuler, A.Namioka. Participatory Design: Principles and Practices. Lawrence Erlbaum Associates, 1993: 4.

野和生产力发展水平所限，人们并没有将设计与文化作为一个统一的整体来看待。

设计人类学意味着从现代日常生活角度去研究设计带给人的各种影响，从衣食住行相关联的产品问题到思维方式的文化观念问题，其价值在于建立一种以人为中心的设计学，因而有别于以"产品/物"为中心的设计研究❶。这也决定了设计人类学的属性特点包含：设计的物质性（通过物质属性理解人类实践和文化的重要性）、设计的时间性（理解变化如何发生，以及如何由人的能动作用来指导变化）、设计的人文性（强调设计为人服务，包含人本身的身心体验和社会生活的关联性）。所以，设计人类学所解决的是物与人在时间维度中的动态互动关系。

人类学为设计学带来哪些意义空间呢？关于这个话题不少学者也对此进行了深入讨论。弗里德曼（Friedman）指出"设计过程需要将地方性的知识与对设计对象、设计行为发生的社会环境以及使用设计制品的人类环境相结合"。休·拜尔（Hugh Bayer）和凯伦·霍尔茨巴特（Karen Holtzblatt）认为民族志介入设计的优势体现在：第一，在社会文化语境中与用户进行访谈交流，强调真实性和互动性；第二，对用户进行细致深入的文化讨论，强调在场性；第三，对用户文化理解、文化行为和文化体验等进行系统性分析阐释，强调文化阐释的系统性和深入性；第四，引导访谈者以获取与研究主题相关的资料，强调主客位的整体文化视角❷。托恩·奥托和蕾切尔·夏洛特·史密斯强调人类学为设计带来三个关键的构成要素，即理论和文化诠释的关键作用；相对于设计对创造、创新和创造未来的关注，人类学通过时间线索的整体性研究可以有效避免设计对创新和变革的现代价值观的普遍化和主流化风险；人类学的民族志实践赋予受设计影响的不同群体的文化主体性表达❸。关晓辉认为人类学可以在设计理论化提升、设计实践性拓展、设计参与主体的广泛性方面为设计带来助力❹。

从冬奥会文化设计角度看，国外关于设计与冬奥文化构建关系的研究大多为奥林匹克视觉形象艺术建构，研究侧重点也以商业系统为主，即如何通过设计行为产生较高商业价值。如奥运会场馆设计、奥运交通设计、奥运酒店住宿设计、商业广告设计等，在满足冬奥会体育活动的顺利进行，为运动员及参观者等相关人群提供基础保障和后勤服务的同时尽可能地产生商业价值。冬奥会期间，举办国往往会借

---

❶ 吕明月：《当设计遭遇人类学——人类学介入设计领域的结合途径研究》，载《2015中国艺术人类学国际学术研讨会论文集（上）》中国文联出版社，2015：第301-308页。
❷ Hugh Bayer, Karen Holtzblatt. Contextual design: defining customer-centered systems. Moegan Kaufmann, 1997: 35.
❸ 温迪·冈恩、托恩·奥托、蕾切尔·夏洛特·史密斯：《设计人类学：理论与实践》，李敏敏、罗媛译，中国轻工业出版社，2021：第4-5页。
❹ 关晓辉：《设计人类学的视野和实践》，《艺术探索》2019年第3期。

助视觉文化设计展示和弘扬本国文化，以此构建国家形象和宣扬本国文化价值观念，提升本国的文化软实力。但最重要的是，借用冬奥设计文化如奥林匹克五环标志、奥运会宣传画、奥运会会标、体育项目图标等视觉形象来阐释平等、公正和竞争的体育精神，强调奥运视觉形象的符号象征和文化阐释功能。

由于《奥林匹克宪章》注重文化的重要作用，因此，国外关于奥林匹克设计文化的研究较为丰富并形成了诸多有价值的观点。如顾拜旦主张将增强体质、意志和精神作为奥林匹克的核心价值观，并认为其具有重要教育价值，提倡将其作为一种生活哲学在公众生活中发挥影响。萨马兰奇（Juan Antonio Samaranch）强调将身体运动、艺术和精神融为一体，从而促进人的全面发展。杰弗瑞（Jeffrey）和舍格拉夫（Segrave）认为奥运实践应将教育和文化表达作为重要目标。罗伯特·穆勒（Muller）将奥林匹克运动当作"教育哲学"，主张通过奥林匹克教育促进人的自我省思与超越等。随着研究不断深化，奥林匹克教育研究越来越强调动态性、多元性和跨学科性的文化特点，坚持国家意志与文化传承相统一、民族性与全球性相统一、话语分享与传递路径相统一的价值观念，意味着奥林匹克教育研究将为奥林匹克文化的快速发展作出贡献。

国内关于奥林匹克文化的研究较为丰富。任海[1]、彭永捷[2]、熊斗寅[3]等学者强调奥林匹克运动的人文精神，将体育运动与文化和教育融为一体进行整体性研究。何振梁[4]、崔乐泉[5]、孔繁敏[6]等强调奥林匹克设计要坚持跨文化研究视角，中国体育文化和体育精神可以丰富奥林匹克文化内涵，从而发挥更大启发性和互补性作用。刘东锋[7]、黄莉[8]、范红[9]等讨论了奥运会对国家形象建构、传播及社会价值的积极作用。王军[10]、王俊奇[11]等对奥运会会标艺术所呈现的多维文化进行解析，并重点分析了奥林匹克视觉形象与艺术以及奥林匹克运动间的互动关系。

---

[1] 任海：《2008年奥运会及其社会影响》，《体育科学》2008年第9期。
[2] 彭永捷：《试论"人文奥运"理念的内涵》，《北京社会科学》2002年第4期。
[3] 熊斗寅：《论奥林匹克教育》，《吉林体育学院学报》2005年第1期。
[4] 何振梁：《奥林匹克运动与人类文明交融》，《体育文化导刊》2007年第1期。
[5] 崔乐泉：《20世纪中国体育的崛起与中华民族的复兴》，《体育文化导刊》2010年第10期。
[6] 孔繁敏：《论奥林匹克文化的交融、内涵与创新》，《体育文化导刊》2005年第5期。
[7] 刘东锋：《冬奥会对国家形象与软实力的影响机制研究》，《体育学研究》2019年第1期。
[8] 黄莉、雷波、陈春新、付晓静：《从北京奥运会文化冲突的视角探究中西文化交流的对策》，《体育科学》2012年第5期。
[9] 范红、周鑫慈：《奥运会对国家形象的建构逻辑与整合策略——对北京2022年冬奥会国际传播的新思考》，《对外传播》2021年第11期。
[10] 王军：《奥林匹克视觉形象的历史研究》，博士学位论文，北京体育大学，2004，第4-8页。
[11] 王俊奇、周盛发：《中国奥林匹克研究的过去、现在及其当代特点》，《首都体育学院学报》2007年第6期。

从设计人类学角度看冬奥会文化设计，设计师除了需要计划、生产和分配冬奥会期间各种文化活动事项，预测和评估设计行为后果，创新相关技术手段和实践路径外，还需要了解冬奥会历史文化发展、现实社会语境和社会文化的差异性，熟悉举办地社会文化特征、条件、功能、影响等众多相关文化行为因素，判断不同层次的社会人群对冬奥文化的现实需求、行为模式和文化体验。人类学家可以通过深入田野进行大量调研，搜集相关的民族志信息，为冬奥会文化设计提供整体科学的设计思路和准确的数据分析，进而为相关组织部门和设计师提供决策依据，提升设计水平及其在公众中的受欢迎程度。通过与不同关键人群的访谈互动，人类学家可以呈现社会不同层次人群对冬奥会的参与水平和认知态度，从而提前对设计结构和行为进行成效预判和情境模拟，帮助设计师深刻认识消费者需求与产品之间的相互关系，提升设计产品文化属性，增强用户体验效果。

二、设计人类学的研究范式及其表现

设计人类学的快速发展验证了人类学在设计学研究领域中的合理性和现实性，也表明了人类学关于文化研究的核心问题与设计学研究本质之间所具有的内在统一性。简单来说，设计人类学不仅是用人类学的研究理论与方法研究设计文化现象，更在于设计人类学核心价值中关于人文精神的感知与理解，在人类探索认知、交往互动中理解现实社会的广泛复杂性和生命本质内在的精神性。

设计人类学研究范式的基本表现通常分为三个层面。首先，关于设计本质的认识，人类学将设计视为文化理解和文化表现的行为，尤其是地方性"人"在文化形成过程中所具有的决定性作用和丰富文化意涵，或者"人"在设计文化过程中的核心作用，从而决定了设计人类学认识论与方法论的"文化"属性。因此，设计人类学是以设计为媒介，通过研究人在广阔社会现实语境下的文化系统体现，反思人之为人的理论研究。其次，在方法论意义上，人类学的"田野调研"研究方法是设计人类学研究必须扎根现实人的生活世界及其文化实践场域中，通过长期性的参与式观察从而获得主客位整体性文化视角及文化理解。最后，在认识论上，人类学强调文化的符号象征性，要想获得研究文化的真正文化意涵，应该深入特定的文化语境中理解并解释具体的文化现象，对研究对象及背后人群的文化过程及关系进行"深描"，采用主位与客位、跨文化比较的方法范式。

遗憾的是，设计人类学研究范式在实践运用中仍然存在局限。第一，设计人文性的缺失。技术论与工具论一直作为设计学的重点而被广泛推崇，造成设计人类学研究表征性问题较为严重，虽然人类学重视田野参与观察，但设计先天依赖技术工具的学科思维惯性仍旧在某种程度上限制着设计人类学的发展。从文化人类学深厚的人文关怀、文化反思精神和文化批判传统中获取成长营养正是设计人类学具有巨大潜力的研究领域❶。所以，田野研究、科学范式与人文范式的互补统一性依然是设计人类学发展的重点。

第二，传统设计民族志的时代性反思不足。基于传统田野基础上建立起来的设计民族志研究范式在面对现代性不断深化的社会语境时，其原有的相对静态的文化分析和相对局限的小众的研究范式遭遇解构困境，民族志研究成果解释范围也在现代的多元文化群体中出现失效的现象，田野及设计对象必然随着人类实践与文化变迁而处于不断变化的动态环境中，其存在内涵也是一个不断丰富的过程。如冬奥会设计已经超越了历史及某个区域范围的文化解释及传播，而是在动态的语境下，全人类各种文明、文化共同参与的世界性文化活动，参与了国家、政治、经济、社会、民族、文化等众多的文化元素及内容，这种宏大的、富于变化的社会场域是现代设计人类学需要面对的。值得引起注意的是，信息技术的发展也使虚拟民族志成为可能，传统的现实性、物质性田野逐渐被虚拟田野或虚拟社区所替代，技术与身体文化之间的互动更加紧密，对身体动力学和文化动力学联动机制的探讨成为设计人类学发展面临的新问题，这进一步增加了设计人类学的不确定性。

第三，设计人类学的审美文化阐释不足。设计与艺术审美紧密关联，人们往往将审美文化作为设计必备且必须的存在内容，我们人类就是生活在一个到处充斥着设计审美的文化环境中，现代社会中的任何人工元素都由设计而来。这时设计人类学解决的不仅是商业组织的有效团结和生产效率的提升，还解决了如何使用艺术的审美功能更好地服务人类，使人们在日常生产生活中了解多元的社会信息及感受美的存在。在冬奥会设计文化体系中，无论是冬奥会会标，还是冬奥会场馆设计、运动员服饰、交通等基础设施建设、开闭幕式等，都与艺术审美表达休戚相关，人在整体且动态的审美文化中感受艺术在设计文化和人文精神表达中的关键作用。

综上所述，设计人类学的研究对象要从认知上从传统民族研究中跳脱出来，走向更为广阔的、现代的、大众的文化场域，要加强人类学与设计学的互渗研究；建立跨国家、跨民族、跨地域的研究范式，进行设计与不同文化、不同族群、不同层次人群、不同单位之间作用关系的比较研究，增强不同文化之间的关联性；建立科技与设计的紧密结合，增强时代发展的在场感，推动虚拟民族志研究；加强设计人

---

❶ 李清华：《设计人类学学科基础与研究范式》，《中央民族大学学报》2018年第2期。

类学的审美文化研究，探索人文精神的意义空间。

三、设计人类学的文化属性及其特征

人类学在设计研究领域的快速应用及发展，一方面源自人类学研究对象与设计研究对象存在着共同的文化特征，都是为了更好地满足人的社会现实需求，其最终目标还是归于对"人"的社会性解释；另一方面源于设计学问题逐渐凸显的人类学特征，体现设计学从自在到自觉的时间演化逻辑，反映设计学逐渐贴近生活实际的学科化诉求。

（一）设计人类学的整体功能

人类学重视文化的整体性解读，需要不断把研究对象的过去、现代和将来视为一个动态的整体，关注对其共时性和历时性的双重观察，使宏观与微观相结合，整体与个体相统一，进而做出文化上的综合分析。设计人类学强调文化的整体观，重视对研究对象的文化深描，所以，设计行为、设计者与设计产品自然而然地被纳入社会文化系统中，并对其进行全面深入的研究阐释。从设计学视角看，脱离独特社会语境的设计实践存在着严重的局限性，单一的研究视角很容易使设计与政治、经济、社会等文化元素割裂开来，从而无法获得完整的文化观点和深刻的文化意义。设计人类学尽管属于交叉学科，但两者之间的深度融合对于拓展本领域的研究内容和研究路径具有重要的文化意义。因此，设计人类学视角下的设计产品能够反映一个历史时期内的政治、经济、科技、文化、自然、生态和人的思想观念，以及社会文化态度等各个方面的基本特点和状况。此外，人类学家可以用不同的方式或视角来审视和表达艺术，这为设计文化研究开阔了视野。设计作为艺术性的文化表达，在对设计文化的阐释理解中，应将设计与社会视为一个统一体加以分析，从而为设计的多样性和丰富性提供基础性的资源保障，显然这对设计人类学的整体文化观念具有重要影响。

设计人类学为设计学提供了一种开放的设计观念。限于传统设计学较为分散或缺乏理性的整体文化视角与受社会分工和消费决定论影响导致的文化片面性。近年设计学将追求社会文化的综合性和整体观作为发展的重点，即将设计对象置于社会文化背景中进行综合性系统性的文化阐释。设计人类学具有宏观、中观、微观不同范畴的文化视角，侧重从自然环境、社会环境、历史语境、物质文化、制度文化、精神文化、公共空间、私人空间等角度对设计对象做出综合性分析和整体性把握。以2022年北京冬奥会会徽"冬梦"为例，会徽设计征集活动启动后，受到了国内外各界人士、专业设计机构的广泛关注。截至2016年11月30日16时，历时4个月，会徽设计征集办公室共收到4506件设计方案，数量是北京2008年奥运会会徽征集数量的2.2倍。经过反复比较，会徽专家评审委员会最终筛选出10件作品，其中801号作品获得最高分。801号作品中的"冬"字概念设计就是北京冬奥会会徽"冬梦"的原型❶。

北京冬奥会会徽设计来源于中国汉字"冬"的形态，采用中国"草书体"形式，融合中国传统文化与国际化现代风格，抽象地表现出冰上运动员和雪上运动员的形态，呈现了新时代中国新形象、新梦想。从图案上看，北京2022年冬奥会会徽延续了2008年北京奥运会会徽上、中、下三部分的结构设计，包括会徽图形、会徽印鉴与奥林匹克标志。会徽图形的上半部分展现了滑冰运动员的造型，下半部分表现滑雪运动员的英姿，中间舞动的线条则代表着举办地连绵起伏的山峦、赛场、滑道和节庆的彩带，为会徽增添了节日喜庆的视觉感受，也象征着北京冬奥会将在中国春节期间举行。会徽印鉴"BEIJING2022"字体的形态上也汲取了中国书法与剪纸的特点，增强了字体的文化内涵和表现力，体现了与会徽图形形成的整体感和统一性。从色彩上看，会徽以蓝色为主色调，象征梦想与未来，以及冰雪的明亮与纯洁。红黄两色则源自中国国旗，代表着运动的激情、青春与活力。2022年北京冬残奥会会徽"飞跃"的设计，秉承举办地文化、体现了以运动员为中心的理念，将中国书法艺术与冬残奥会体育运动特征结合起来。设计展现了汉字"飞"的动感和力度，巧妙地幻化成一个向前滑行、冲向胜利的运动员，同时形象化地表达出轮椅等冬残奥会特殊运动器械的形态。冬残奥会徽图形上半部分线条刚劲曲折、下半部分柔美圆润，寓意运动员经过顽强拼搏、历经坎坷最终达到目标获得圆满成功。会徽展现了运动员不断飞跃、超越自我、奋力拼搏、激励世界的冬残奥精神。图形设计给人昂扬向上，奋进飞跃的动感体验，色彩丰富、构图完美，象征并激发运动员坚强的意志❷。会徽形象地表达了雪杖、轮椅等冬残奥会特殊运动器械形态，展现出"飞跃"的动感和力度。从色彩上看，会徽采用了红、蓝、绿、黄四种颜色。其中，红色代表热血、激情、自信和蓬勃的生命力，蓝色代表博大、洁净，绿色以大自然的生命色彩传达出冬残奥会"绿色奥运"理念，黄色则给人以明朗、愉

---

❶ 吴东：《雄心与梦想的象征》，《北京日报》2017年12月16日。
❷ 董城：《北京冬奥组委解读"冬梦""飞跃"》，《光明日报》2017年12月16日。

快和希望之感，寓意残疾运动员挑战自我、超越自我的精神。

括而言之，北京冬奥会与冬残奥会的会徽体现了全球化背景下，中国在体育文化方面所取得的伟大成就，蕴含了中华优秀传统文化、中华民族精神、冬奥体育精神、中西文化融合、时代特色等众多的文化意涵，体现了北京冬奥的一种开放性设计观念，以一种整体的文化视角，置于研究对象的日常生活田野中，尝试使用多样的工具技能，获取尽可能丰富的文化因子，并在类比分析中获取北京冬奥会和冬残奥会会徽设计文化的最佳路线和效果。可以想见，从北京冬奥会会徽的平面设计这一微观的文化表现看，其设计制作经过了复杂、漫长、整体的研究。设计者需要从宏观的历史上梳理分析冬奥会文化发展脉络及文化特征，弘扬体育精神、满足世界不同文化的心理需求和文化期待；从中观上扎根中国大地，从中华民族精神上汲取创作营养，弘扬中华文化；从微观上创新独具特色、极具时代意义和审美文化的会徽标志，弘扬体育的人文精神。

设计人类学关注设计文化的社会属性，主张设计与社会整体是脱离不开的，需要将设计视为物质文化的组成部分加以研究并将其置于第一手环境中加以考察，也就是研究它的社会性。设计人类学整体功能体现在四个方面：一是将政治、经济、社会、历史、地方性、族群、体验与直觉等更为广阔的整体性文化思考融于设计师的设计创作；二是对设计作品的追求不仅体现在物质层面的表达，还涉及制度与精神文化的阐释与表达；三是对设计文化的理解不仅作为局外人的客位思考，更重要的是将重点放在局内人的文化主位视角来看待、理解设计文化现象与结果；四是将人文精神作为学科研究的核心，重视设计背后人作为主体所发挥的关键作用。

（二）设计人类学的意义阐释

文化是人类学研究的核心概念之一。对文化的研究需要将其文化行为放入具体的历史、环境和社会中加以评估和看待，克利福德·格尔兹（Clifford Geertz）认为文化是由人自己所编织的意义之网，对文化的分析需要建立在意义之网的推测基础上，通过梳理、分析网络之间的相互关系得出解释性结论，而非对没有实体的景观进行标画。

设计人类学强调设计对象作为某种地方性知识物质载体，即特定文化认知体系的有机组成部分，需要在具体的文化语境中得到表现或理解。因而，对文化的研究应该将其置于脱离了一般意指符号的文化象征表达之中，即从社会文化体系中人与人的互动行为获取文化系统的意义，而不应以地方族群和场景中的直观现实再现为限，需要依靠他者的文化观念阐释现实所使用的符号，将其置于蕴含当地人世界观、价值观和文化观的文化意义体系，来阐释物象符号背后的文化意义❶。设计人类学重申设计与日常生活息息相关，与民众的行为及社会紧密互动，只有将设计对象放置于最直接的现实语境中并从中获取文化符号的诸多象征意义，进行跨文化比较和文化的深度阐释，将阐释整合到设计任务中，最后解释给不同的受众群体，才能使之发挥作用。设计人类学民族志本身也是解释性的文化行为，它整合了地方性知识的原初文化、设计者的中间文化和受众群体的多元文化，从而使不同人群对设计作品不会产生陌生感，并依托设计作品产生清晰感和亲切感。在格尔兹看来，民族志描述有四个特点，分别是解释性、社会性、可读性和微观性，即强调文化研究的社会整体性阐释，包括社会性的整体认知，事物叙述过程体验和微观个人理解的情境式意义分析。

参与式田野调查是文化人类学研究的主要方法，长时段参与研究对象的日常和非日常的社会文化活动，以当事人的角度观察并理解文化事项及其行动的意义，理解所观察对象行动背后的思维与行为准则，从而获得更为全面、深刻的理解。设计人类学强调通过长期亲历性田野实践进行深层次文化理解和阐释获取文化主位和客位的双重文化整体观念，以设计的技术手段依托多元材料媒介对现实进行文化干预，从而制作出设计产品解决现实问题，满足社会发展需求。设计人类学民族志必须从时间与空间、自观与他观、宏观与微观、具象与抽象的整体分析中获得文化的解释意义，而不能仅满足于对原始事实的宏观性观察，而更应该通过全貌性表述和层层深入描写寻求某种设计在种类纷呈的社会文化现象背后深藏着的某些规则及文化意涵。

冬奥设计文化的阐释与理解既是时间维度的历史文化沉淀，也与冬奥会举办的地方性知识密不可分，要想创作出具有丰富文化意义的设计作品和获得设计作品完整、真实意义上的文化意涵，设计者和人类学家需要长时段进入特定的文化语境中，通过对地方文化符号背后的象征意味参与和感知，在动态中进行实在的、精确的深层次探究，从而理解社会行为在文化系统中的内在逻辑，实现主客位之间的关系互动，以综合视角对设计对象进行全域式细微打量，进而生成一种更多意义的多元文化理解，从整体中获得文化存在的真实意涵。

（三）设计人类学的审美体现

人们通常将设计与审美作为一个整体来看待，设计及其审美因具有广泛的社会

---

❶ 郭世杰、吕彦君：《阐释人类学视域下绘画艺术的文化意义探究》，《成都师范学院学报》2021年第11期。

文化意义与价值表述成为社会生活的重要内容。设计是人类为了满足生活中各方面的实际需要，寻找合适的方案而进行的文化创造活动，按照美的规律——为人创造事物——是设计文化的本质。符合美的基本规则同时兼顾实用性是设计的基本特点，需要依靠材料、形状、色彩、技术等手段媒介给人以审美体验。随着社会生活审美文化发展，设计美逐渐在艺术美与技术美等传统审美范畴基础上形成独特且成熟的文化范式，成为透视人类活动与社会发展的有效切入点。

人类学视角下的审美行为或审美作品具有广泛的文化意义，不仅具有审美的功能性，还兼具文化性，侧重在纵向的历史脉络中、现实的语境中和跨文化比较中实现审美文化的多样性解读。以北京奥林匹克公园为例，其地处北京城中轴线北端，集中体现了"科技""绿色""人文"三大理念，2008年北京奥运会比赛期间，有鸟巢、水立方、国家体育馆、国家会议中心击剑馆、奥体中心体育场、奥体中心体育馆、英东游泳馆、奥林匹克公园射箭场、奥林匹克公园网球场、奥林匹克公园曲棍球场10个奥运会竞赛场馆。其规划设计着重体现了中国传统园林建筑对于山水意境的匠心营造，规划建筑群的布局风格也基本能够体现对古都北京传统中轴线的继承和延续，反映了中国当代建筑的美学精神，以及中华民族对于古老文明与现代文明的有机融合。2022年冬奥会，颁奖广场设在北京奥林匹克公园内。2022年2月24日，奥林匹克公园"换装"迎接北京冬奥会及冬残奥会。北京奥林匹克公园建筑设计充分体现了"理性"与"浪漫"的建筑观念和美学精神，这种观念和精神主要通过"时代与民族之美""功能与形式之美""统一与均衡之美""理性与情感之美"和"抽象与象征"5种形式体现出来[1]。

设计审美可以满足人们对美好生活的物质和精神文化需求，其价值在于营造良好的审美体验环境，并将其转换为精神文化力量，促进消费提升经济效益。对社会与公众来说，设计艺术可以传播文化、创造和谐环境、提升人们审美水平。

"鸟巢"作为夏季奥运会与冬季奥运会的双奥场馆，其设计独特并使立面与结构达到完美统一，其钢架结构相互支撑，形成网络状构架，宛若鸟巢。鸟巢的设计一定程度上借鉴了中国传统镂空雕刻技术与中国民间美术剪纸雕花形式，使鸟巢回归自然的同时，显示出独特的艺术美感。以北京冬奥会开闭幕式为例，其开幕式巧妙地运用各种文化符号，在融入奥林匹克精神的基础上，对中国文化进行创新和整合，通过文化传播促进世界对中国文化的了解与认同。闭幕式将人类非物质文化遗产的二十四节气与古诗词、谚语融合起来，搭配当代中国发展气象的

---

[1] 谷鹏飞：《理性与浪漫的交织——北京奥林匹克公园的建筑设计美学思想》，《高等建筑教育》2006年第2期。

画面，展现了中国人的诗意和浪漫，也建构起区别于他者文化的自我文化符号和价值取向。饶有趣味的是，设计团队将"数字科技"运用到如标志性冰瀑、冰立方和五环等装置，以及巨型光影地屏的表演舞台与和平鸽表演中。基于人工智能的实时交互特效AR的雪花❶，生动展现了科技与设计的完美融合，增强了人们的情感体验，满足了人们对冬奥文化的审美需求，唤起了国人的共同情感和身份标识，增强人们对中华民族的文化认同感和归属感，讲好中国故事，传达中国文化理念。设计人类学更加注重"人"在设计中的作用，满足人的审美需求，使人在体验的过程中实现政治、经济、文化之间的互动与整合。

四、小结

在面对多元文化挑战的发展语境下，以人、人与文化、人与社会作为研究对象的设计人类学，不仅是人类学理论方法与设计实践相结合，更是设计人类学学科发展与社会发展相结合的现实基础。纵观设计人类学研究，尚处于发展的起步阶段，缺乏对现代复杂社会、多元文化、设计发展的借鉴与指导。然而，设计人类学的重要价值和功能正随着社会快速发展而愈发重要，文化与设计不再是彼此独立的分散领域，它们在人与物、人与社会层面上相互交叉形成紧密整体。在当下全球面临各种社会问题的情境下，依靠设计人类学独特的文化传播优势，可能更容易获取解决问题的途径与方法，使设计人类学成为一种更有效的改造未来的方法论范式或实践手段。

2022年北京冬奥会设计文化的价值表现充分说明了设计人类学在面对人类宏大历史发展的文化行为中所具有的独特社会功能和巨大的发展潜力。我们不仅以综合独特的设计形式向国际社会发出中国声音、讲好中国故事，做好文化交流、展示国家形象，塑造可信中国、可敬中国和可爱中国，同时表达了"各美其美，美人之美，美美与共，天下大同"的文化共处理念、"一起向未来"的人类命运共同体发展理念和"更快、更高、更强、更团结的奥林匹克精神，为世界和平发展贡献中国智慧并注入能量。

---

❶ AR（Augmented Reality），虚拟信息与真实世界融合，即增强现实技术，是一种实时地计算摄影机影像的位置及角度并加上相应图像的技术。

第六章

冬运会与国家形象建构

《希望》 水彩 37cm×56cm 2019年 郭世杰

设计在体育文化的发展过程中扮演着重要的角色，围绕体育赛事进行相关文化设计是视觉传达过程中的一种形象化的符号建构过程。优秀的设计作品可以直观、准确地传播文化观念，展现文化态度，并与其他社会文化互动交融，从而构成识别度较高的国家整体形象特征，通过文化传播，增强文化社会参与度，提升人们对国家文化的自信心、自豪感和民族凝聚力，创造安定团结、和谐良好的社会文化环境。在国际关系交往中，体育设计文化可以宣传良好国家形象，传播国家或民族文化，提升国家文化软实力。

设计师利用体育文化元素设计出独特的作品，使不同民族、地域的人群达到文化上的价值认同，促进社会和谐，提升社会发展活力，推动社会发展。缘于此，在我国的历届全国冬季运动会（简称冬运会）上，主办方都非常重视设计文化在推动地方社会发展方面发挥的重要作用。以第11届全国冬运会为例，通过举办全国性的体育赛事，举办城市齐齐哈尔大力推动城市建设、美化城市环境、塑造城市文明、提升城市活力、加快城市化建设步伐并对外宣传地域特色文化，提高齐齐哈尔的知名度和文化软实力。

首先，扩容城市规模，划分城市功能区，加快城市基础设施建设。如体育场馆、道路交通、旅游设施、城市绿化等，将体育基础设施建设推向新的发展阶段，城市面貌也焕然一新。以齐齐哈尔市为例，为举办第11届全国冬运会，该市在2003年建成齐齐哈尔体育馆的基础上，在2006年新建了速度滑冰馆，于2007年扩建、改造了原有的波司登滑冰馆和冰壶馆，使齐齐哈尔冰上体育设施建设水平得到大力提升，成为国家冰雪体育运动的主要基地之一。其次，通过城市基础设施建设，调整城市投资结构，推进城市经济建设发展，不但使齐齐哈尔具备承办全国综合性大型运动会和国际单项比赛的基础条件，也大大改善了齐齐哈尔市及周边城市的投资环境，吸引越来越多的商业客户为城市发展注入活力，实现了城市社会的经济多元化、快速化发展。最后，冬运会对全市社会文化发展也带来深远影响。第11届冬运会创造的良好社会氛围提升了全市人民生活的幸福感和获得感。通过举办第11届冬运会，全市到处洋溢着文明、和谐的文化氛围。

"会徽、会歌、吉祥物、口号征集等活动，使城市的不同群体产生文化、思想上的交流碰撞，从而为城市文明建设注入动力，推动了城市多元文化蓬勃发展。冬运会使体育文化走进群众，踊跃开展的'我与冬运同行'系列健身活动，既展现了齐齐哈尔市民丰富多彩的文化体育生活，也给广大市民提供了一个交流、学习、切磋的平台，加深了群众对中华体育文化内涵的理解。"

所以，通过举办运动会等体育文化赛事，结合设计文化，以场馆、会徽、吉祥物等元素为媒介，可以带动城市发展、促进社会和谐、增强城市文明程度、提高人民群众幸福生活水平。需要说明的是，我国地域幅员辽阔，在中国内部形成了各种不同的自然地理区域和迥异的南北方地域文化。中国的南北、东西文化因自然地理特性不同造成南北、东西之间文化上的差异性，具体表现为生态气候、社会发展程度、生活方式、文化态度、建筑设计风格等方面的不同，风格迥异的民间习俗，不同的地域特征使我国冬运会设计文化特点及成效也呈现出多样性。本章通过对历届全国冬运会会徽、吉祥物及相关建筑设计的梳理及分析，试图寻找设计在体育文化活动中的多样性与丰富性，从而深度阐述设计文化与冰雪文化和社会发展之间的互动关系及内在逻辑。

一、冬运会的发展历程

中华人民共和国冬季运动会，简称"全国冬运会"或"冬运会"，是我国规模最大、级别最高的冬季综合性体育赛事。第1届冬运会于1959年2月在哈尔滨市和吉林市举行，此后基本上是每四年举办一次，至今已举办13届（第2届停办但届次照算）。1983年以后，冬季运动会从全国运动会中分离，另行举办（表6-1）。

表 6-1 我国历届冬运会举办地分布情况

届次	年份	日期	地点	比赛类别
1	1959	2月1—5日	吉林省吉林市	雪上项目
		2月10—20日	黑龙江省哈尔滨市	冰上项目
2	1965		停办	
3	1976	1月16—26日	黑龙江省哈尔滨市	冰上项目
		2月18—23日	黑龙江省尚志市	雪上项目
4	1979	2月14—20日	黑龙江省尚志市	雪上项目
		3月4—9日	新疆维吾尔自治区乌鲁木齐市	部分冰上项目
		9月8—17日	北京市	部分冰上项目
5	1983	3月12—23日	黑龙江省哈尔滨市	冰上项目
		2月20—28日	黑龙江省尚志市	雪上项目
6	1987	1月13—20日	吉林省吉林市	冰上、雪上项目
		3月10—15日		

续表

届次	年份	日期	地点	比赛类别
7	1990	12月2—7日	黑龙江省哈尔滨市	冰上项目
	1991	2月2—9日	黑龙江省亚布力镇	雪上项目
8	1995	1月14—24日	吉林省吉林市	冰上、雪上项目
9	1999	1月10—20日	吉林省长春市	冰上项目
			吉林省吉林市	雪上项目
10	2003	1月5—18日	黑龙江省哈尔滨市	冰上、雪上项目
11	2008	1月18—28日	黑龙江省齐齐哈尔市	冰上、雪上项目
12	2012	1月3—13日	吉林省吉林市	雪上项目
			吉林省长春市	冰上项目
13	2016	1月20—31日	新疆维吾尔自治区乌鲁木齐县	冰上项目
			新疆维吾尔自治区乌鲁木齐市	雪上项目
			新疆维吾尔自治区昌吉回族自治州等	
14	2024	2月17—27日	内蒙古自治区呼伦贝尔市	冰上项目
			内蒙古自治区呼伦贝尔市、赤峰市、乌兰察布市等	雪上项目
15	2021年12月31日，辽宁省向国家体育总局递交2027年第15届全国冬季运动会申办报告

中华人民共和国成立初期，百废待兴，改变旧中国羸弱的国民体质，实现民族复兴成为亟需解决的问题。在此背景下，首届全国运动会在国家倡导通过发展体育运动，提高国民体质的背景下进行的，作为庆祝建国十周年献礼工程于1959年在北京成功举行。但由于该届运动会未设冰雪项目，仅在1959年2月在哈尔滨市、吉林市单独举行了综合性冰雪项目运动会，其中滑雪项目于1959年2月1日至5日在吉林市举行，冰上项目于1959年2月10日至20日在哈尔滨市举行，所以称为"1959年冬运会"，由此冬运会也正式登上历史舞台。这一时期，冬运会依托于全国运动会，整体上处于萌芽阶段，整体规模较小，包括北京、河北、内蒙古、辽宁、吉林、黑龙江、山西、陕西、青海、宁夏、新疆、解放军共12个单位、224名运动员参赛，竞赛项目包括40个小项。1965年第2届全国运动会未设冰雪运动项目，且同期也未单独举办类似首届冬运会级别和规模的综合性冰雪运动项目赛事，故第2届冬运会停办。

第3届全国冬季运动会于1976年在黑龙江省举行，参赛单位增加至14个，运动员人数增加至975名，项目设置的小项数量增加至67项，举办规模较之前有显著提高。十一届三中全会后，体育发展面貌开始出现新局面，为实现体育工作重点的顺利转移，全国体育工作在"一边调整，一边前进"中循序向前。第4届冬运会于1979年在黑龙江尚志市、新疆维吾尔自治区乌鲁木齐市、北京市三地举行，竞赛项目有速度滑冰、花样滑冰、冰球、高山滑雪、越野滑雪共5个分项60个小项。参赛的有12个单位227名运动员（其中少年运动员139人），成为全国三地共同举办冬运会的先例。

20世纪70年代末我国重返国际赛场后，"全面参与以奥运会为最高层次的国际体坛竞争"便成为我国体育事业最紧迫的任务。在此背景下，冬运会自1983年第5届开始，从全国运动会中脱离出来，进入独立发展时期，其制度的演变主要凸显为项目设置、奖励和计分规则的改革。随后20世纪80年代中期，为了更好地与国际奥运会接轨，国家体育总局（当时为国家体育运动委员会）通过统筹项目设置、奖励和计分方法等内容，将包括冬运会在内的全国综合性运动会进行组合，突出了国际、国内赛事为"奥运争光"服务的要求。由此，1987年在吉林省吉林市举办的第6届冬运会便取消了各大项分设的团体总分奖，仅对团体总分和奖牌予以排名，同时增设了跳台滑雪项目。

第5届冬运会于1983年在黑龙江省哈尔滨市举办，运动会设有花样滑冰、速度滑冰、短道速滑、冰球、高山滑雪、越野滑雪和现代冬季两项7个分项49个小项。在党的领导下，运动会倡导发扬艰苦奋斗的革命精神；要赛出风格，赛出水平，勇攀高峰，努力创造一批新纪录、新成绩，涌现出一批新人才。第5届全国冬运会为推动我国群众体育运动发展，促进全国运动技术水平提高，振奋民族精神，建设社会主义精神文明，实现四个现代化作出贡献。

第6届冬运会于1987年于吉林省吉林市举办，共设速度滑冰、短道滑冰、花样滑冰、冰球、高山滑雪、越野滑雪、冬季两项和跳台滑雪8个分项，共有15个代表团的573名运动员参加了比赛。第7届冬运会于1991年在黑龙江省哈尔滨市举办，共有35个代表团参加。运动会设速度滑冰、花样滑冰、冰球、高山滑雪、越野滑雪、冬季两项、跳台滑雪等8个分项57个单项和1个表演项目——自由式滑雪（两个单项）。第8届冬运会于1995年在吉林省吉林市举办。来自全国33个代表队的579名冰雪运动员参加了9个分项58个小项的争夺。第9届冬运会于1999年在吉林省长春市举行，共30个代表团、1168名运动员参赛。本届冬运会进行速度滑冰、短道速滑、花样滑冰、冰球、越野滑雪、高山滑雪、跳台滑雪、自由式滑雪和冬季两项9个分项的比赛。

第10届冬运会于2003年在黑龙江省哈尔滨市举行。以"创新、发展、团结、进步"为宗旨的第10届冬运会，由国家体育总局主办，哈尔滨市人民政府承办。该届冬运会赛会是进入21世纪以来我国首次举办的全国冬季综合性运动会，当时是我国冬运会有史以来参加代表团最多、人数最多、设项最多、规模最大的一届冰雪体育盛会。整个赛会共14天，有34个代表团、522名代表、846名运动员，共计1398人参加赛会。比赛项目设速度滑冰、短道速滑、花样滑冰、冰球、冰壶、高山滑雪、越野滑雪、跳台滑雪、自由式滑雪和冬季两项10大项74小项，其中冰壶项目是这届冬运会新设项目。继盐湖城冬奥会之后我国冬季项目实现金牌"零"的突破后，第10届冬运会是对我国冬季运动项目水平的一次全面检阅，也是备战亚冬会，发现和培养2006年都灵冬奥会新秀的一次大练兵。第10届冬运会更注重文化的阐释与表达，将设计文化作为整个赛事的重要组成部分。如开幕式后举行的大型文艺演出《冰雪飞扬》赢得观众的阵阵掌声。演出全新的创意、恢宏的气势、鲜明的地域特色、浓郁的民族风格，充分展示了冰雪体育的无限魅力和冰雪文化的无穷神韵，视觉文化的价值意义凸显并在国内得到广泛关注。

第11届冬运会于2008年在黑龙江省齐齐哈尔市举办。本届冬运会共设11个分项90个小项，来自黑龙江、北京等35个代表团的1000多名运动员参加本届冬运会，第12届冬运会于2012年由吉林省承办，分为5个大项12个分项105个小项，共吸引了43个代表团的1067名运动员参赛。第13届冬运会于2016年在新疆维吾尔自治区举行。第13届冬运会是经国务院批准，由国家体育总局主办、新疆维吾尔自治区人民政府承办的综合性冬运会，这是新疆第一次举办全国综合性运动会，这次全国冬运会是首次走出东北等传统冬运会举办地，走进新疆，也是新疆第一次承办全国性综合运动会。

2020年1月26日，第14届冬运会组委会宣布，接国家体育总局通知，第14届冬运会将推迟举行。2022年12月27日，根据国家体育总局办公厅印发修订后的《中华人民共和国第十四届冬季运动会竞赛规程总则》，第14届冬季运动会于2024年2月17日至27日在内蒙古自治区举行。2021年12月31日，辽宁省向国家体育总局递交了2027年第15届冬运会申办报告。

冬运会从无到有、从萌芽到成熟的发展过程，体现了国家不同时期的政治经济发展水平，当前，冬运会已经发展成为我国最重要的冬季赛事，对促进我国冰雪文化发展具有重要意义。

二、冬运会的会徽设计

设计元素是设计中的基础符号，在运动会会徽设计中应用的设计元素包括图形、色彩等。在设计中，设计元素的应用常常受到环境、经济、时间、审美、地域文化等因素影响，设计者需要充分考虑各种文化之间的相互关联性，通过整合达到最佳的设计效果。

会徽是体育组织或体育活动的图形表现形式。一般情况下，会徽的设计元素涵盖了当地的地理景观、历史传统、文化价值、艺术审美，对构成举办地品牌有着决定性的意义，可以显示地域文化特色，传播地域文化，挖掘地域文化发展潜力。作为体育组织或体育活动的符号象征，会徽又赋予了体育组织或体育活动更多元的文化意义。一方面，会徽寓意着举办城市的形象和文明，举办城市会在运动会会徽设计中融入当地典型文化元素，用于传播弘扬优秀地域文化，形成更广泛的文化认同，以此得到来自全国各民族群众的支持和响应，从而促进城市发展；另一方面，会徽也代表了冬运会的价值追求，如公平、团结、和谐、吉祥、幸福、安康等在内的情感内涵，以及顽强拼搏、勇攀高峰的体育精神。因此。历届冬运会会徽从设计到公布一直受到广泛关注和讨论。

运动会会徽是一种视觉传达的信息符号，通常情况下，会徽视觉文化就是"图形语言化"和"寓字于形"的设计过程。地域性设计元素包含三大视觉元素，即色彩、图形和文字，基于这三大元素相互之间的结构组合关系的创新，在视觉语言创新中居于首要地位，其中图形设计是视觉传达的必要桥梁[1]。由于中国传统图形资源非常丰富，在体育活动会徽图像设计中可以显示出民族传统文化和民族精神独有的特色和魅力，又因地域、民族众多导致多样性与统一性融合体现。如运动会会徽形成之初曾将中国古代文化"纹章"元素作为借鉴，由于其风格独特、语言鲜明，成为现代运动会会徽设计者们重要的设计元素来源，设计师经过不断改良创新，形成多元统一的文化面貌。所以，冬运会会徽设计需要设计者掌握中华传统文化的精神要领，突出中华民族、地域文化和体育文化的独特性和互通性，传达出其与众不同的一面。汉字具有古老历史文化的民族精神气质，凝聚了中华文化的智慧，因此成为冬运会会徽的重要形式之一，将优秀汉字文化的精神元素与体育文化的设计元素相融合，使我们在当代设计中体现出不同地域、不同民族的文化丰富性和中华优秀传统文化的传承性。如今，在冬运会会徽设计时，图形设计与选择上往往要着重体现举办地的传统文化和民族精神特征，这也是冬运会会徽设计的生命力所在。

随着全球化不断深化，我国运动会会徽设计不断受到国际设计文化影响，设计师开始将国际设计文化与不同地域文化互相融合。运动会会徽设计整体上采用具有地方性文化传统兼具地方民族特色的图形符号，并在此基础上将传统文化元素解

---

[1] 于涛：《运动会会徽设计元素中地域特征的把握》，硕士学位论文，辽宁师范大学，2013，第3页。

构，合理融入现代文化特色，结合设计师本人的文化价值观念、个性化审美理想和设计技术应用等，形成新的富有时代特点和个性化气息的设计图像。同时，随着生产力的进步和科学技术的不断发展，设计的文化理念、材料工具、技术设备也得到长足发展，更加注重高效率、现代化和多样化，可以更好地满足运动会相关视觉设计的理念需求，使作品在视觉上呈现出新视角、新效果。在此影响下，运动会会徽设计迎来了繁荣发展时期。

通过梳理我国历届冬运会会徽，可以总结出会徽设计应用元素为以下三方面。第一，主题元素，包括运动人体动态、运动器械、举办地、时间年份等，这一类元素较多，用于展现运动员精神面貌和运动会举办的基本信息；第二，精神元素，包括火炬、橄榄枝等，呈现运动会的理想追求和精神向往；第三，地域文化元素，包括承办地的地理环境、文化历史、动植物形象等。地域性设计特征指在一定空间，以地域文化为主体，展现其独特风格，并体现出相对稳定的鲜明设计特点，具有地域民族文化特色的代表性，在当地得到公认与通用，并区别于其他不同地方或民族的个性特征。

由于种种原因，前5届冬运会未单独进行会徽设计，从第6届冬运会开始，冬运会筹备委员会开始着手进行会徽设计。第6届冬运会会徽外形呈长方形，主体图案由两条由窄变宽的渐伸线和中间镶有雪花造型的"6"字组成。右上角的红五星代表全国，下边的文字点出了本届冬运会举办的时间和地点。图案颜色采用古蓝色，配上小面积的朱红色，周围衬托大面积的白色。纪念章的图案以"吉林"汉语拼音的两个字头"J""L"变形而成的长白山形象为主体，五星和雪花象征着冬运会，下边"6"字则表明第6届。第7届冬运会运动会会徽主体是一个人物造型与"7"字的结合，表示"第7届冬季运动会"。会徽衬底是一个飘动的雪花，"91HLJ"则是用数字和汉语拼音表示举办时间和举办地（图6-1）。

第10届冬运会会徽以洒脱的阿拉伯数字"10"为基本设计元素，直接传递本届冬运会的信息，鲜活明亮的红、蓝、黑三色象征着蓬勃向上的朝气和冰与火的激情；极具动感的人物形象自然流畅，宛如滑冰运动员在奋力拼争，又恰似滑雪健儿腾空旋转，表达了更高、更快、更强与健康向上的体育精神（图6-2）。

第11届冬运会会徽"鹤舞中华"整体构思取自齐齐哈尔"鹤城"这一概念，形式上采用"字图一体"的设计手法，以中国传统书法草书的表现技法，完成对会徽内涵的表达。从字形看，图形自上而下是中国

图6-1　第7届冬运会邮票

书法"齐"和"十一",同时蕴含了"冬"字形,又是齐齐哈尔英文字首"Q"字形体现,直观地体现出"第11届冬运会"和举办地"齐齐哈尔"这些特定概念。从整体看,图形形状由展翅腾飞的"丹顶鹤"造型元素构成,充分表现出黑龙江省和齐齐哈尔市深厚的人文底蕴。从色彩上看,会徽标志主要由红色逐渐过渡到橙色,象征了黑龙江省人民群众的热情和对冰雪运动的激情(图6-3)。

图6-2　第10届冬运会会徽

第12届冬运会评选出的会徽作品是抽象的雪花几何图形。选用白色与蓝色相间的颜色,代表着冬季与蓝天;12个交点形成一个紧密的整体,代表第12届全国冬运会,也象征着团结互助,携手向前的美好寓意。图形外围好似手拉手连接在一起,体现了人与人、人与自然的和谐,冰凌和雪花交错贯穿,虽然复杂但整体的条理性较强,形成张力,充满了运动的韵律,象征着冰雪运动的激情与力量。会徽图形变化丰富,呈现出现代感,点、线、面节奏变化丰富,具有从近到远的空间透视感和立体感(图6-4)。

图6-3　第11届冬运会会徽

第13届全国冬运会会徽为"丝路冬韵",采用中文"冬"字形直接进行设计,并巧妙地将数字"13"隐藏于图形之中。会徽标志空间层次丰富、语言表现奔放热烈,冷暖、黑白对比强烈。色彩取自奥运体育的红、黄、蓝、绿、黑五种颜色分别象征热情、金色的瞬间、新疆冬季的天空、雪山脚下的原生态松林、更多的运动潜能。标志下方凸显出冬运会的举办地点和时间,具有稳定画面的效果,也有衬托标志图像的美学功能(图6-5)。

图6-4　第12届冬运会会徽

第14届全国冬运会会徽突出内蒙古特色,以蒙古文"冬"字字形为创意基础,结合中国书法语言形式,巧妙地将蒙汉两种文字的"冬"字融为一体,呈现了内蒙古作为"模范自治区",各族人民守望相助、

图6-5　第13届冬运会会徽

万众一心,打造祖国北疆亮丽风景线、同心共筑中国梦的坚定决心和信心,传递了内蒙古自治区办好第14届冬运会、推动中国冰雪运动发展的不懈努力和追求

（图6-6）。

会徽图形整体呈现出一种旋转升腾的"势"，表达了国家倡导全民增强体质，追求积极向上、阳光健康生活的主旨。同时，动感的造型结合流畅的线条巧妙地展现为冬季运动韵律与草原哈达飘舞，表现了冰雪运动的节奏和动感，象征着热情友好的草原人民祝福八方客朋吉祥、幸福、安康的情感内涵。会徽以蓝色为主色调，象征天空，蓝色也是内蒙古人民崇尚的色彩，寓意辉煌与永恒。红、黄、蓝、绿、黑五种颜色源自奥林匹克五环色彩，体现了顽强拼搏、勇攀高峰的体育精神。

图6-6　第14届冬运会会徽

三、冬运会的场馆设计

场馆是体育运动的必备基础设施，尤其是对于室内的体育项目。我国历届冬运会都非常重视冬运会场馆建设，既要满足体育项目比赛的顺利进行，还要满足开闭幕式、颁奖、观众观看、审美体验等一系列的设计需求。不同时期的冬运会场馆建设也呈现出不同的设计特点。由于东北各省得天独厚的生态气候条件和较高的经济发展水平，为满足当地群众的冰雪文化需求，东北各省大力发展冰雪体育文化，建设大型场馆，因此，早期的冬运会主要集中在我国东北地区，为我国冰雪体育发展奠定了扎实基础。在14届全国冬运会中，黑龙江共举办了5届。基于高频率的体育赛事活动，黑龙江省的冰雪场馆建设在我国一直处于领军地位。冬运会举办推动了黑龙江（哈尔滨）和吉林（吉林市）的冰雪体育设施建设。为迎接第5届冬运会，哈尔滨建成了我国第一座综合性滑冰馆——黑龙江省滑冰馆，标志着我国初步具备大型综合冰雪体育建筑的设计能力。之后为迎接1996第3届亚洲冬季运动会，哈尔滨又建设了国内第一座室内速滑馆——黑龙江速滑馆。此外还有吉林冰球馆、黑龙江冰球馆、亚布力滑雪场等专用冰雪运动场馆先后落成，有力地促进了地域体育文化活动的发展。

黑龙江省滑冰馆坐落在哈尔滨市南岗区东端与太平区接壤的哈尔滨冰上训练基地内。这座面积为8400平方米的人工制冷滑冰馆建成于1982年，是我国第一座标准的综合性冰上训练和比赛的专用馆。馆内1800平方米的冰面上，可进行冰球、花样和短道速滑3个项目的训练和比赛，场馆共设有4200个席位。

黑龙江省花样滑冰训练馆坐落在哈尔滨冰上训练基地院内，于1989年10月建成，建筑面积2716平方米，室内1800平方米的人工制冷冰面首次采用水泥铺盖氨管的新技术，浇注冰面后可供花样滑冰、冰球、短道速滑和冰球项目的训练及比赛使用，成为第7届全国冬运会花样和冰球比赛的场地❶。

　　第7届全国冬运会雪上项目的比赛是在黑龙江省亚布力滑雪场进行。亚布力滑雪场占地总面积为2255万平方米，最高处海拔1374.8米。由于这里的山形地貌独特，雪质丰富，硬度适中，自然景色优美并具有一套完备的设施，已成为我国目前最大的综合性滑雪训练基地之一。

　　第10届冬季运动会期间，黑龙江省为了满足赛事需求，开设了哈尔滨和亚布力2个赛区，建设哈尔滨冰球馆、滑冰训练馆、亚布力滑雪场、哈尔滨冰上训练基地滑冰馆、速滑馆5个赛场。

　　第11届冬运会为满足男女冰球、速度滑冰、短道滑冰、花样滑冰、男女冰壶冰上五个大项的比赛要求，齐齐哈尔市建设比赛场馆四个，供冬运会参赛队伍训练、比赛及开幕式使用，四个场馆位置呈三角形，相互之间的距离在50～80米，其中2号馆和3号馆相连，便于赛会的指挥调度管理和安全保卫工作，更方便于观众有选择或连续观看各项比赛。第11届冬运会1号馆是冬运会男子冰球比赛和花样滑冰比赛使用馆，内有国际标准的61米×30米的冰场，以及经世冰甲级A组比赛和世界冰联验证合格的冰球界墙、设施、设备。其建筑面积9366平方米，可容纳3270名观众（不含活动看台）。

　　第13届冬运会冰上运动中心位于乌鲁木齐市南山风景区，是第13届冬运会全部冰上项目的比赛场馆，它以地域气候条件和地理条件为出发点，致力于打造世界级的冰雪竞赛场地及冰雪旅游胜地。综合性体育中心建设主要有集中式的体育建筑综合体和分散式的体育公园两种模式。体育建筑综合体适合建在城市中心区，能够节约用地，但功能单一，主要为了满足竞赛要求；体育公园则适合选址于新区或风景旅游区，不仅能够满足专业体育赛事的要求，更为专业运动队提供了配套的高水平训练基地，同时在赛后也为城市提供了一个兼顾冬季及夏季运动、娱乐、餐饮、住宿、购物一体化的新的城市旅游目的地。本次场馆设计根据地理位置，采用了体育公园的设计理念。在此定位的基础上，从新疆特有的地域景色和传统文化中汲取灵感，紧扣冰雪主题，提出了"丝、路、花、谷"的设计理念，展现新疆的灿烂文化和地域美景❷。

---

❶《第七届全国冬运会比赛场馆介绍》，《冰雪运动》1991年第1期。
❷ 初晓、梅洪元、费腾：《第十三届全国冬季运动会冰上运动中心》，《城市建筑》2016年第28期。

乌鲁木齐冰上运动中心占地面积约36万平方米，冰面面积1.6万平方米，分别为一座400米大道速滑馆包含两块标准1800平方米冰场，一座短道速滑馆和花滑馆，一座冰球馆和冰壶馆，被称为"雪莲花"的冬运会主场馆冰山运动中心建于天山脚下（图6-7）。

图6-7　乌鲁木齐冰上运动中心

该冰上运动中心的建筑包括速度滑冰馆、冰球馆、冰壶馆、运动员公寓及媒体中心。功能布局设计充分考虑建筑之间的便利性，以赛事的合理组织和赛时及赛后的环境空间塑造为主要依据，为运动员及市民提供多样的活动空间。三个比赛场馆、运动员公寓及媒体中心呈环形布局，环抱而内聚，宛如雪莲花开。花瓣中央为天池广场，冬季浇冰形成室外冰场，夏季为轮滑和滑板活动场地；花瓣向心内聚为外部空间留出多样的室外运动场地，在保留布局灵活性的基础上，能够节约土地，为远期发展留有空间。整个布局和谐灵动，空间丰富，令人过目不忘，且具有标志性。

设计上采用了"一环、两轴、中心发散"规划布局形式。"一环"——建筑以中心广场为基准环绕布置，环状道路为5栋建筑提供直接联系，并在每栋建筑的主要入口处设置入口广场以及专用停车场，分区明确；由各建筑围合而成的各广场空间，为人群提供舒适的活动空间。"两轴"——基地内部南北、东西贯穿步行主轴线，主要车行道路沿建筑外围环绕，场地内部交通组织明确，人车分流设置，有效避免干扰。"中心发散"——园区规划以中心向周边发散的形态模拟新疆天山、天池的地域特点，整体规划灵活自由，充满动势，同时便于各场馆独立建设，分期实施。

运动中心设计从新疆独特的雪山、戈壁等特色风貌中汲取灵感，以纯净的白色屋顶勾勒出自然雪貌的造型，以层状处理的横向线条模拟戈壁独有的岩层地貌，以玻璃上雪花冰晶的模拟与地域特色进行呼应。整体建筑群仿佛掩映于皑皑白雪之中，立面形象舒朗大气、飘逸灵动，与环境和谐共融，完整地实现了"天山脚下全运雪乡"的意境。设计中充分考虑冬季节能的问题，采用适用于寒冷地区的节能技术，建筑立面避免使用大面积玻璃幕墙，注重建筑外墙的保温节能。所有场馆均为弧线形屋顶，避免采用平屋面形式，从而大大降低冬季积雪给建筑带来的巨大荷载压力。排水檐沟设电加热融雪系统，防止过渡季节形成冰锥造成安全隐患。在建筑顶部设置天窗，确保赛事结束后运动队训练时无须人工照明即可使用，降低赛后运营成本。设计通过天窗的构造措施予以解决冰上场馆的结露问题，同时在场馆设计中引入太阳能集热技术、自控技术、新风技术等，达到"绿色建造、低成本运营"的节能目标[1]。

第13届冬运会场馆形似雪莲花，由速滑馆、冰球馆、冰壶馆、媒体中心及运动员餐厅和宿舍构成，总建筑面积为7.9万平方米，远远超出了黑龙江和吉林冬运会场馆的规模，可一次性接纳一万名以上观众。"第13届冬运会落户新疆极大地推动了'北冰南展西扩'战略的实现：新疆优质的冰雪资源和冬运会所呈现的冰雪文化，向人们展现了冰雪运动的魅力。2016年新疆承办了第13届全国冬运会，借助冬运会的效应和地区辐射作用，新疆的冰雪运动和经济、文化取得了显著的发展，开启了新疆冰雪运动的新篇章，成立了花样滑冰、短道速滑、高山滑雪、单板滑雪、自由式滑雪等队伍，培养本土运动员并且完善了冬季运动项目结构；完善了冬季项目场馆设施，满足举办国际赛事、冬训以及群众的需求；扩建了400所冰上示范学校，新建100所雪上示范学校，带动百万青少年参与冰雪运动；完善了城市基础设施，提供了更多的就业岗位。"[2]

新疆成功申办冬运会后冰雪产业发展迅速。第13届冬运会走进新疆完善了新疆冰雪产业的服务和生产，优化了冰雪产业结构，形成以装备、旅游、赛事、培训、体验为核心的产业链。冰雪产业与经济是密不可分的，冰雪产业的健康发展可以带动相关产业的协调发展，促进我国经济的循环发展并形成产业的连锁反应。从举办第13届冬运会的产出来看，其经济价值和盈利是非常明显的。例如，阿勒泰地区自2019年至2022年，全地区累计接待冬季游客1028万人次，旅游收入突破100亿元[3]。第13届冬运会也为新疆留下了新的场馆遗产和体育项目遗产。场馆遗产

---

[1] 初晓、梅洪元、费腾：《第十三届冬运会冰上运动中心》，《城市建筑》2016年第28期。
[2] 汤姣姣、樊炳有：《全国冬运会"北冰南展西扩"战略的价值阐释》，《体育科研》2017年第2期。
[3] 新疆维吾尔自治区人民政府网：《"两冬会"进入倒计时阿勒泰地区筹备工作紧锣密鼓》。

不仅为我国冬季项目训练提供了训练基地，也为群众留下了冬季健身的场馆，为举办国际赛事提供了平台。体育项目遗产主要体现在完善了我国冬季项目南北不平衡的结构，增加了我国冬季项目的后备人才。

内蒙古冰上运动训练中心主场馆群是第14届冬运会的主要场地，总占地面积18.3万平方米，总建筑面积9.6万平方米，分为速度滑冰馆、短道速滑馆、冰球冰壶馆、媒体中心及运动员公寓和设备用房5个部分。建筑外观以蒙元文化为特色，主格调突出"卷云""哈达"等元素，富有时代气息和民族特色（图6-8）。

图6-8　内蒙古冰上运动训练中心

速度滑冰馆建筑面积为2.7万平方米，设置观众座位3000席，是能够同时举办速度滑冰、短道速滑、冰球、冰壶、花样滑冰等大型国内A级和国际A级赛事的冰上运动场馆。短道速滑、花样滑冰馆建筑面积为1.3万平方米，设置观众座位3000席，拥有一个1830平方米（61米×30米）的标准冰面，能够举办500米、1000米、1500米个人项目和女子3000米接力、男子5000米接力等短道速滑国际赛事。冰球冰壶馆建筑面积为2.1万平方米，设置观众座位3009席，拥有1830平方米（61米×30米）的标准冰面2块，可同时举行4场冰壶比赛。媒体中心及运动员公寓建筑面积为3.2万平方米，建筑分为中、西、东三个部分[1]。

为保障第14届全国冬运会，内蒙古自治区要求呼伦贝尔市、赤峰市等地要高标准、高质量地做好内蒙古冰上运动训练中心等比赛场馆的建设和改造工作。围绕全面普及滑冰项目要求，自治区鼓励东部旗县区因地制宜建设小型滑冰馆。东部地区还要利用地缘优势建设滑雪场，西部有条件的地区要争取建设室内滑雪场。规范提升现有滑雪场软硬件建设水平，依托各大公园、广场、体育场馆、度假村、有条

---

[1]《实践》杂志网：《内蒙古冰上运动训练中心》。

件的乡村休闲农业场所等建设嬉雪、滑冰场地，满足群众参与冰雪、健康休闲的多元化需求。

四、冬运会吉祥物设计

冬运会吉祥物是指在举办冬运会时，承办地区为了体现该地域文化传统和社会生活风情，以艺术性表现手法为运动会创作设计的视觉形象。冬运会吉祥物有着鲜明的民族特色、地域特点和时代特征，往往代表承办地区的地理特点或地域内民族文化内涵及传统，具有很高的知名度，成为当地民众与全国各地群众建立友谊和感情联结的文化纽带。为了体现时代性特征，吉祥物设计创作会使用具有现代审美的语言形式与设计手段进行创作，尽可能被大众所接受和喜欢。

吉祥物的主题内容无论是动物还是植物，是实在物还是虚拟物，除了象征"吉祥如意"，它在鲜明的个性、独特的地域文化、丰富的文化内涵上都有所追求。吉祥物作为一种独特的文化现象，在冬运会有很好的体现，发挥出小物件、大功能的价值作用。吉祥物通常以夸张、拟人化的艺术手法，使体育的魅力更具亲和力，从而拉近了体育赛事与社会大众的距离。吉祥物也是每届冬运会的形象代表，可以活跃体育比赛的气氛、吸引观众的目光、提高观众的兴趣，还能带来无限的商机和经济利益。

为了重点显示运动精神和承办地的热情好客，冬运会吉祥物通常会选择生动有趣的人物、动物或植物等形象作为设计素材，通过拟人化的艺术处理，以求吉祥物能够适应公众对符号的要求和对社会的普遍认知，从而在情感的表达上和文化传播上能引起大众共鸣。此外，冬运会吉祥物要体现出冰雪运动的精神，传达推广运动会的举办理念，传播主办城市的历史文化和人文精神，并营造运动会的热烈气氛，成为推广冬运会精神、传播和建立友谊的重要载体，吉祥物是所有运动会识别项目中其他形象所无法替代的[1]。冬运会吉祥物具有周期性特点，每届冬运会都会根据地域文化推出一个全新形象。但吉祥物艺术个性从属于体育赛事主题，注重宣扬体育精神与地域文化特色，多为生动有趣、健康活泼、极具亲和力的视觉形象。

1966年英格兰世界杯吉祥物是一只名叫威利（Wilie）的狮子，是世界杯历史

---

[1] 阎评：《大学生运动会吉祥物设计分析》，《艺术与设计（理论）》2008年第10期。

上第一个吉祥物，也是重要体育比赛中最早的吉祥物之一。如前文所提到的，奥运会吉祥物最早诞生于1968年第10届冬季奥运会，来自法国格勒诺布尔市的吉祥物雪士是一只可爱的卡通滑雪小人形象。1972年，德国慕尼黑奥运会吉祥物小狗瓦尔迪（Waldi）面世，自此吉祥物这种视觉文化符号开始在重大体育比赛中慢慢流行起来。

国内运动会吉祥物可以追溯到1986年，在大连举行的第二届全国大学生运动会吉祥物"CUS"，这只由黑白线条勾画的老虎整体呈现出欢呼跳跃的积极形象，是英文短语"see you soon"的缩写，译为"很快见到你"，寓意大连人民欢迎全国各地人民积极参与体育盛会的美好愿望。然而，我国第一个真正意义上的体育赛事吉祥物诞生在1987年第6届全运会，该届全运会被公认为开创了依靠社会力量办全运会的先河，并首次引入吉祥物的概念，吉祥物取名为"阳阳"，与羊城谐音，表现了主办城市独特的地域特征、历史文化和人文特色。

冬运会吉祥物最首要的主旨是传播弘扬体育精神。一种健康活泼、无限生机的吉祥物形象会给观者带来一种积极向上的感染力，引导人们积极参与冰雪文化运动。冬运会吉祥物的设计与举办地的地域文化是分不开的，为了彰显举办地的地域特色和民族文化，冬运会吉祥物的设计元素多以举办地最有特色、最具影响力的动物、植物为原型，通过艺术加工，使吉祥物形象极具亲和力，符合大众审美趋向，成为运动会的形象代表。

内在个性是吉祥物生命力、人性化的表现基础。内在性格的塑造需要通过外在神态和动作反映出来，拟人是被普遍使用的有效表现手法，吉祥物通常表现为可爱、活泼、友善、热情等个性特征，如第6届冬运会吉祥物为吉林省特产——梅花鹿。图案是一只经过拟人化的梅花鹿形象，共九幅。第7届冬运会运动会吉祥物是一只拟人化的松鼠，脚穿冰鞋，手拿松枝。第9届冬运会吉祥物是长春市市花"君子兰"，吉祥物名为"兰兰"，意在欢迎各界朋友在长春相聚（图6-9、图6-10）。

图6-9　第9届冬运会吉祥物"兰兰"　　　　图6-10　第9届冬运会明信片

第10届冬运会吉祥物名为"璐璐",是以驯鹿为原型的卡通形象(图6-11)。驯鹿生活在第10届冬运会举办地黑龙江省,身材矫健,行动敏捷且耐高寒,用它做吉祥物,既有浓郁的地方特色,又能体现冰雪运动倡导的勇敢、坚强、不畏严寒、敢于挑战大自然的精神。吉祥物"璐璐"与"鹿"同音,"璐"为美玉,寓意第10届冬运会开得欢乐祥和。

图6-11 第10届冬运会吉祥物"璐璐"

第11届冬运会吉祥物"丹丹"由齐齐哈尔代表性珍禽"丹顶鹤"经过拟人化创作而来,造型活泼健康、亲切可爱,并以手持火炬的欢快形象,充分表达了对全国各地运动员、教练员的热烈欢迎,以及对运动会的良好祝愿(图6-12)。此外,本届冬运会主题口号"银色冬运、金色梦想",突出体现了冬运会的特点。用"银色"来形容本届冬运会通俗而不乏寓意,银色是中国北方冬季的象征,所以称之为"银色冬运";"金色梦想"突出的是体育精神,是运动健儿的夺金梦想,更是齐齐哈尔人乃至全国人民的梦想。

图6-12 第11届冬运会吉祥物"丹丹"

第12届冬运会评选出的吉祥物为一组两个,即"吉吉(冰娃)"和"林林(雪娃)"。"吉吉"头戴冬帽,活泼可爱,俨然如蓄势待发的运动员,充满生机活力;"林林"外形设计既是山脉又是树林,代表长白山起伏的林海。吉吉与林林的红色绒球和围巾寓意本届冬运会的圆满成功。吉祥物的整体色彩采用了天蓝,与会徽颜色一致(图6-13)。

吉吉(冰娃) 林林(雪娃)
图6-13 第12届冬运会吉祥物"吉吉"和"林林"

第12届冬运会是首次由省级政府承办的全国冬季综合性运动会,参会人员、比赛项目等都超过往届冬运会,但投入并未水涨船高,本届冬运会在各个环节注意控制成本。长春市曾承办过第9全国冬运会和第6届亚冬会,吉林市曾承办过第6届、第8届全国冬运会,两个城市不仅有着丰富的赛事承办经验,而且拥有丰富的比赛场馆和场地资源。本届冬运会的绝大部分比赛场馆是在2007年长春亚洲冬季运动会的基础上维修改造的，完全能够保障本届赛会全部冰雪赛事的举行，无须新建比赛场馆。赛会组委会本着"节俭办赛"原则进行场馆修建与维护，组委会还确立了"保工期、重质量、不超支"的工作理念。

第13届冬运会吉祥物为"雪莲娃"，它们以新疆特有的珍奇植物雪莲为创意来源，设计出一对可爱的男女卡通雪莲娃娃形象。娃娃头上盛开的花朵，寓意新疆繁荣昌盛、蓬勃向上的发展前景和人民生活幸福花开、吉祥如意。两个娃娃身穿红色、蓝白色运动装造型、印有雪花图案，代表冰雪天地和冬季运动的主题。吉祥物整体活泼可爱，积极向上，符合大众的审美文化心理，具有较强的亲和力（图6-14）。

图6-14　第13届冬运会吉祥物"雪莲娃"

第14届冬运会吉祥物——蒙古彩娃是以蒙古族儿童为创意原型，设计了一对俏皮可爱的蒙古族娃娃形象，体现了内蒙古独特的民族文化底蕴，寓意和平与希望（图6-15）。蒙古彩娃中男娃蒙古语名为"安达"，汉语译为"朋友"，女孩蒙古语名为"赛努"，汉语译为"你好"，名字组成"朋友你好"，传

图6-15　第14届冬运会吉祥物"安达""赛努"

递了内蒙古人民对全国人民的诚挚邀请，以及对冬运会运动员赛出佳绩的美好祝愿，彰显了内蒙古人民热情好客、健康快乐的良好精神面貌。蒙古彩娃设计借鉴卡通人物造型手法，对人物比例、动态、服饰进行概括和夸张处理，力求人物表情天真，动态生动有趣，辨识度高，亲和力强。蒙古彩娃服饰造型及配色体现了蒙古族服饰文化特征，图案设计均采用蒙古族传统吉祥纹样。男孩安达穿团花锦缎皮袍，戴圆顶立沿帽，穿花皮靴，为蒙古族男子传统服饰；女孩赛努则身着蒙古族女孩代表性冬季服饰。蒙古彩娃充满活力与朝气，象征内蒙古正迈向繁荣亮丽，中国冰雪运动正焕发勃勃生机。

五、小结

　　冬运会是中国国内水平最高，规模最大的冬季体育运动会，是多元化体育实践活动中所创造的物质与精神的综合产物。冬运会以冬季体育活动为主要内容和基本表现形式。作为一种带有族群记忆和参与意识的体育文化，它既传承了我国民族传统体育的精神文化内涵，又借鉴参与了人类体育文化的发展成果，承载着中华民族生生不息的精神命脉，展现了我国与世界的文化互动与互融。我国冬运会在不同时期体现着不同的社会功能。除了为国家的体育发展战略锻炼新人、选拔人才，还成了促进地方发展、加强民族团结，推进国家建设的重要发展路径。

　　冬运会的举办是综合性、多元性的文化活动，不仅与生态环境息息相关，还与政治、经济、社会、民族、文化等紧密关联。冬运会具有民族地域性和体育竞赛性两大特征。冬运会对于地域和气候条件有一定的要求，不同的地域、不同的民族，其冬运会文化呈现样式不同。由于冬运会承办地需要具备自然降雪时间长，积雪厚度高的"长冬厚雪"气候特点，因此，我国具有稳定有效降雪且能够供人们利用的地区主要有东北、内蒙古东部和北部、新疆北部以及西部、青藏高原、河北北部等地，这也是冬运会承办地多以东北、新疆、内蒙古为主的主要原因。

　　冬运会承办地依据会徽、吉祥物、场馆等设计文化展现、传播地域及民族文化。冬运会是一个承载社会、历史、文化等多个层面信息的厚重文本，对社会、文化、经济、环境等领域具有重要影响，冬运会设计文化是特定语境中国家和时代的社会关系、价值观念、行为标准和文化理想的折射，它将零散、疏离的来自不同地域、性别和年龄的人汇聚到一起，从而建立共同的价值观，促进社会文化认同。举办冬运会成了衡量一个城市文化核心竞争力的重要指标之一，拓展了承办城市的功能空间，增强了城市文化凝聚力，同时促进城市社会空间的融合，增强城市体育文化亲和力。冬运会举办需要大量场馆的修建，可以增加城市公共空间，为打破社会分化所带来的差异分歧提供融合机会，促进城市经济文化快速发展，增强城市发展活力，有利于社会的自我整合、自我完善和自我提升。冬运会场馆建设可以丰富和美化城市景观，引起人们对城市美好印象的独特联想，形成城市独特的品牌标志。冬运会能够促进民族交往、交流、交融，增强民族之间的了解，发挥设计文化符号场域作用，将中华民族共同体意识具象化，弘扬传播团结精神和"中华民族一家亲"的理念。

第七章

冰雪文化与社会发展关系研究

《生命之歌》 水彩 56cm×76cm 2018年 郭世杰

冰雪文化是人们在冰天雪地的自然环境从事社会实践的过程中所获得的物质生产能力、精神生产能力和以冰雪为载体创造的物质财富与精神财富的总和❶。冰雪文化既受到地域生态环境的限制，也与政治、经济、社会、民族、国家等紧密关联。良好的冰雪文化发展生态可以促进地域社会各行各业快速发展，丰富社会文化空间，满足民众对美好生活的需求。作为国内最重要的冰雪体育文化赛事，冬运会不仅对我国冰雪文化建设意义重大，还为举办地带来很多发展机遇。通常情况下，冬运会可以从以下四个方面展现社会功能：一是通过举办冬运会可以为冬奥会发现、培养优秀人才，提高我国竞技体育国际竞争力；二是促进冰雪运动可持续发展，尤其是承担巩固和扩大"三亿人参与冰雪运动"成果，让更多的人从冰雪文化中获益；三是依托冰雪赛事促进社会经济发展，保持地区社会发展平衡，提升社会文明程度、满足人民日益增长的文化需求；四是构建国家形象，增强民族团结，提升民众的国家认同感和中华民族凝聚力。

体育赛事，尤其是国家级、国际级等重要冰雪体育赛事，是综合性的文化体系，可以带动社会方方面面发展。如北京冬奥会办赛目标是：创造可持续的奥运遗产（创造出能够长久存在的奥运遗产，最大限度地发挥奥林匹克运动的功能和影响力，在体育、文化、教育、环境、场馆及城市基础设施等方面创造更有价值的可持续奥运遗产）、强有力地带动区域经济发展（打造京张沿线体育文化旅游带和体育名片，增加就业岗位，稳定就业，实现社会稳定。冬奥会可以促进冰雪运动产业，扩大内需、发挥旅游消费对经济发展的基础性作用，促进经济内循环，实施京津冀协同发展战略，促进区域经济协调发展）、带动三亿人参与、发展冬季运动（将冬季运动广泛地传播出去，让更多的人能够接受并且热爱冬季运动，让更多人享受冬季运动的魅力，增进民众的健康和福祉，有效提高中国运动员的竞技水平，并有助于开发冬季体育运动市场）。从国际方面看，2022年北京冬奥会可以形塑中国文化身份、打造中国国家品牌、展示中国国家形象。本章将以新疆冰雪文化为媒介，重点论述冰雪文化与社会发展之间的关系，深刻阐释冰雪文化对新疆及我国社会发展的综合影响，并为冰雪文化发展寻找科学合理的发展路径。

---

❶ 刘兰、王兵：《冰雪运动文化的特征解析与发展策略》，《河北体育学院学报》2019年第2期。

一、新疆冰雪文化发展历程

新疆地处世界冰雪黄金纬度带,冰雪资源极为丰富,拥有与欧洲阿尔卑斯山区、北美洛基山区等地区相当的世界一流冰雪资源,是名副其实的冰雪大区。作为全球中纬度最大的山岳冰川区,新疆共有大小冰川1.86万余条、总面积2.4万多平方千米、占我国冰川总面积的42%❶。阿勒泰市降雪量大,是"中国雪都",年均降雪量达86.8毫米,阿尔泰山冬季平均积雪厚度达1米以上。雪期长,初雪早、终雪迟,阿勒泰地区年均降雪期180天、积雪日数210天。雪质优,蓬松饱满、松软平滑、细腻如沙,拥有雪中极品的"粉雪"雪质。气候好,冬天基本无风、阳光充足、温度适宜、体感舒适,丝绸之路国际滑雪场、天山天池国际滑雪场被誉为"中国最温暖的滑雪场"。地形佳,新疆地形具有落差优势,大部分山体坡度在15%~60%,垂直落差大于1000米,宜建滑雪场的区域较多,是全国滑雪条件最好的地区,可以满足举办国际综合顶级滑雪赛事的需求。与此同时,新疆冬季具有绝美的自然风光,特别是一大批驰名中外的冰雪胜景,如"人间净土"喀纳斯、"世外桃源"禾木村、"童话边城"布尔津、"雾凇小镇"冲乎尔、"冰湖仙境"赛里木湖等,广受赞誉、令人神往,为新疆发展冰雪旅游业提供了先天优势❷。

有史以来,新疆各民族群众长期生活在冰天雪地的环境中,热爱冰雪、享受冰雪、融入冰雪,培养了良好的冰雪运动天赋、形成了悠久的冰雪运动传统,衣食住行、生产活动、文化娱乐都深深打上了冰雪文化的烙印。新疆各族人民在利用自然环境、改造自然环境的漫长历史进程中,通过与冰雪共生共存,创造出具有中国特色的冰雪运动文化、冰雪生产文化、冰雪饮食文化、冰雪交通文化等,这一系列的冰雪文化是中华优秀传统文化中的重要组成部分,也是世界各国人民文化交流的重要领域。

新疆冰雪文化底蕴深厚,2005年发现的岩画《滑雪狩猎图》证实,阿勒泰地区是人类滑雪最早起源地,是国际滑雪文化的源头,在这里,游牧民早在一万两千年前就已使用毛皮滑雪板开展狩猎活动,当时的牧民使用传统的"毛皮滑雪板"和独木滑雪杖,驰骋在雪野上开展狩猎活动。目前,阿勒泰仍然保留着这种古老的滑

---

❶ 中华人民共和国国务院新闻办公室网站:《新疆维吾尔自治区地理概况》。
❷ 新疆维吾尔自治区人民政府官网:《抓住北京冬奥契机发挥阿勒泰地区冰雪资源优势》。

雪运动，使用白桦木和马腿毛皮制成"毛皮雪板"进行滑雪，这种制作工艺被列入自治区非物质文化遗产名录。随着阿勒泰冬季冰雪旅游的蓬勃发展，毛皮滑雪板和独木滑雪杖这种古老滑雪板重新焕发生机，成为阿勒泰地区各县（市）冰雪节上被推介的重点展品。

为了更好地开发新疆丰厚的冰雪文化资源，新疆高度重视以冰雪文化为载体的新疆冬季旅游宣传，将冰雪文化和旅游相融合。新疆阿勒泰市在1999年末举办了首届国际冰雪旅游艺术节，新疆维吾尔自治区文化和旅游厅顺势而发，2000年在乌鲁木齐成功举办了中国旅游交易会和天山天池冰雪风情节，极大促进了新疆冰雪旅游业的稳健发展。秉承"建经济强市、创旅游名城"的战略思想，乌鲁木齐市于2002年举办了首届丝绸之路冰雪风情节，截至2023年共举办了21届，旨在将乌鲁木齐打造成重要的冰雪旅游文化胜地。为进一步促进新疆冰雪文化快速发展，推进冬季旅游产业建设，助力新疆旅游资源开发，新疆维吾尔自治区文化和旅游厅联合中国民用航空新疆管理局、新疆维吾尔自治区体育局、新疆国际会展中心等单位，在2006年成功举办了"新疆冬季旅游产品暨冬季滑雪设施、设备博览会"，即新疆冬季旅游产业交易博览会（冬博会）。为了进一步扩大冬博会的社会影响力，新疆文旅部门组织专门的促销团队积极参与中国国内旅交会、台北旅展、国际旅交会、莫斯科旅展和欧洲巡回促销会等一系列国内外重要的旅游交流活动。在这些活动中，新疆地区将"冬博会"作为核心宣传内容，充分展示了新疆冰雪文化的魅力和价值，吸引各界人士的参与和关注。经过多年用心打造，不断宣传与推广新疆冰雪产业，冰雪旅游逐渐发展壮大起来，已成为中国西北冰雪市场的重要力量，冬博会已经升级为国家旅游节，为推广新疆冰雪文化、带动新疆旅游业发展作出了巨大贡献。

新疆在2009年提出了"唱响新疆旅游四季歌，要使白雪变白银"的宏观旅游战略发展目标，采取了差异化的竞争策略，并逐渐形成以天池为中心，覆盖喀纳斯、阿勒泰等北疆自然旅游景区的冬季旅游市场格局。为了彰显冰雪旅游、生态旅游及民俗旅游的独特魅力，助力新疆冰雪节实现快速发展，新疆文旅部门通过多部门的合作，共同举办了多项冰雪运动体育赛事。新疆于2015年出台了《关于加快发展体育产业促进体育消费的实施意见》，文件中提出要以承办第13届冬运会为契机，引导社会力量不断完善自治区冰雪运动场地设施，广泛开展群众性冰雪体育活动。到2025年，要形成以新疆冰上运动中心为核心的冰上运动产业园，形成以乌鲁木齐南山、天山天池、阿勒泰将军山、伊犁新源等为重点的一批雪上运动产业园。

近年来，新疆各地州市将冰雪资源与当地文化资源融合，形成独具特色的冰雪旅游产品，如"丝路冰雪季·乐游阿克苏"冰雪文化旅游节、"冰雪游醉巴州"冰雪旅游季、"冰雪冬韵活力塔城"文化运动旅游季、新疆生产建设兵团第一师阿拉尔市首届冰雪文化旅游节、阿勒泰举行人类滑雪起源地纪念日等冰雪文化活动，丰富了冰雪旅游与冰雪运动内容，增强了冬季旅游核心竞争力，为新疆文化和旅游高质量发展提供了有力支持和宽广平台。

目前新疆已连续举办16届新疆冬季旅游产业交易博览会、20届乌鲁木齐丝绸之路冰雪风情节等冰雪文化活动，成为新疆搭建冰雪产业、冰雪旅游、冰雪运动等产品和项目交易平台。基于冰雪文化平台，积极组织开展滑雪、雪地赛马、叼羊、射箭、古老毛皮滑雪等冰雪项目，彰显了新疆冰雪文化的强大生命力。新疆冬季旅游产业交易博览会等文化活动推动了新疆冰雪产业升级，进一步提高了新疆冰雪经济的知名度和美誉度，展示大美新疆、和谐新疆、活力新疆、开放新疆。

新疆冰雪文化的快速发展得到了广泛的认可。2018年，阿勒泰市荣获"中国雪都"国家气候标志，"净土喀纳斯·雪都阿勒泰"核心品牌、"人类滑雪起源地"文化品牌日益响亮，成为新疆冰雪旅游的重要标志，吸引着八方游客。中国旅游研究院《中国冰雪旅游发展报告（2022）》显示，乌鲁木齐市、阿勒泰地区入选"2022年冰雪旅游十佳城市"名单，毛皮板滑雪（新疆阿勒泰）入选"2022年冰雪经典创新项目"名单，禾木冰雪摄影（新疆喀纳斯）、冰雪光影秀（新疆阿勒泰）入选"2022年冰雪时尚创新项目"名单。文化和旅游部将"中国雪都·纯净北疆"精品线路确定为"筑梦冰雪·相伴冬奥"全国10条冰雪旅游精品线路之一。以冰雪胜景、冰雪运动为基础，新疆重点打造喀纳斯、天山天池、赛里木湖、可可托海、天山大峡谷、那拉提等冰雪旅游精品景区，促进了冰雪旅游及相关产业发展，展示了"大美新疆"亮丽名片。

基于新疆得天独厚的冰雪资源、良好的基础设施建设和社会参与情况，新疆成功承办第13届冬运会，为承办此次冬运会，备战北京冬奥会，新疆积极开展冰雪运动设施建设，形成了较为完善的冰雪运动设施条件。新疆冰上运动中心建于海拔1650米的亚高原地带，其规划设计、智能化程序、竞赛条件和建设质量均达到较高水准。目前，全疆拥有各类冰雪场地188个，其中滑雪场101家（含5S级滑雪场5家、4S级滑雪场4家）、冰场27家、冰雪乐园60个[1]。阿勒泰滑雪旅游度假地、乌鲁木齐南山滑雪旅游度假地成功创建首批国家级滑雪旅游度假地。

随着中国冰雪经济高质量发展步伐加快，依靠新疆近年采取的发展冰雪文化相关制度举措，新疆将成为世界级的冰雪运动赛事基地和冰雪旅游度假胜地，为新疆

---

[1] 董亮：《"后冬奥效应"在新疆的集中显现》，《新疆日报》2022年12月30日。

实现多点支撑、多业并举、多元发展的产业发展格局提供新动能，进而促进区域协调发展。

二、冬运会与新疆冰雪文化发展

早在1979年第4届冬运会时，新疆就作为举办地之一承担了速滑比赛项目。"近年来，新疆不断深化与周边国家、全国省区在文化体育领域的交流合作，竞技水平和办会能力都有了很大的提高。随着经济社会的不断进步，各族群众对发展体育事业的期望也不断提升。"[1]第13届冬运会在新疆成功举办，展示了新疆冰雪魅力、点燃了大众的冰雪热情。新疆大力实施旅游兴疆战略，出台一系列支持冰雪旅游发展的政策措施，大美新疆正成为冰雪旅游、冰雪运动的首选目的地。第13届冬运会在新疆举行更是激起了新疆各族群众对冰雪运动的极大热情。新疆开展冰雪运动具有得天独厚的区位优势，冰雪资源丰富、海拔适中、温度适宜。自治区冰上运动中心规划设计、智能化程度、竞赛技术条件和建设质量均达到世界一流水准，将新疆在生态气候和基础设施两方面的优势完美融合。

第13届冬季运会于2016年1月20日在新疆维吾尔自治区举办，是继北京申办2022冬奥会之后全国举办的第一个冬季运动会，也是新疆首次举办的全国性冬季运动赛事，其对于发展冰雪运动、打造健康中国、全面建成小康社会具有重要意义[2]。开幕式演出以"冰雪天山，阳光丝路"为主题，演绎了"冰雪缘""天山情""中国梦"三个篇章，展示了新疆壮美的自然风光与新疆人民热情好客的淳朴民风。此届冬运会也是历届冬运会中规模最大的一届，共有包括香港、澳门特别行政区在内的52个代表团1389名运动员参赛。本届冬运会共设5个大项97个小项，其中冰上项目设3个大项51个小项，雪上项目设2个大项46个小项。新疆组成了226人的历史上最大规模代表团，代表伊犁、乌鲁木齐、昌吉、博州、塔城、阿勒泰、哈密等9地州市，参加全部5个大项、11个分项、97个小项的比赛，力争在家门口取得优异成绩。此外，此届冬运会首次在我国具有一定优势的项目和潜优势项目上设置了19个青年组小项，以夯实人才基础，增加人才厚度，加强2022冬奥会的备战工作和冰雪项目

---

[1]《谱写冬运史上的壮丽篇章——热烈祝贺第十三届全国冬季运动会开幕》,《新疆日报》2016年1月20日。

[2] 杨明方、史晓韵:《第十三届全国冬季运动会隆重开幕》,《人民日报》2016年1月21日。

的可持续发展。原国家体育总局局长刘鹏在第13届冬运会上表示，筹备和举办北京冬奥会，将为我国发展冰雪运动开创前所未有的历史机遇，要通过举办第13届冬运会，为我国"十三五"时期冰雪运动大发展打好开局，发现和培养一批高水平竞技人才、培养锻炼一批冬季项目管理人才，为做好北京冬奥会组织工作积累经验。

第13届冬运会在新疆举办，不仅对冰雪文化知识在新疆普及和发展具有重要作用，而且对于促进新疆经济社会发展和丰富各族群众体育文化生活更具非同寻常的意义。首先，有利于提升新疆整体形象，扩大新疆知名度、影响力和美誉度，展示新疆各民族群众团结、和谐、奋斗的精神面貌。冬运会是展示城市形象、争取世界了解、提升自身地位的窗口，冬运会的举行使全国各地群众目睹新疆跨越式发展和长治久安的伟大成就，有力地宣传了大美新疆、和谐新疆。其次，有利于新疆产业结构调整和文化旅游事业的发展，加速旅游文化产业支柱产业发展步伐，为推动自治区社会主义文化的大发展、大繁荣作出贡献。再次，有利于提升全区社会和民众的文明程度，促进承办地城市美化、绿化、亮化和现代文明建设，促进公民文明礼貌、遵守秩序、团结友善、诚实守信等良好社会风尚的形成。最后，有利于提高新疆冰雪运动水平，进一步彰显新疆独特的冰雪运动地缘优势，形成冰雪运动的良好环境氛围，不断提升各族群众享受体育发展成果的幸福指数。

可以说，第13届冬运会的成功举办，进一步增强了各族群众对祖国和新疆的认同感、自豪感，进一步弘扬了"爱国爱疆、团结奉献、勤劳互助、开放进取"的新疆精神。

国内和国际大型冰雪赛事是展现新疆形象、宣传大美新疆、凝聚人心、提振信心、弘扬新疆精神和促进新疆跨越式发展和长治久安的重要路径。第13届冬运会作为新疆维吾尔自治区成立60年来首次承办的全国大型综合性体育赛事，充分展示了新疆维吾尔自治区60年来社会发展的综合实力。这一盛会的成功举办，彰显了自治区在体育事业和经济社会发展方面取得的辉煌成就。

"新疆是实施西部大开发战略的重点地区，是中国对外开放的重要门户，是中国重要的能源基地和运输通道，同时也是着力打造的新时期丝绸之路经济带核心区。十三冬在新疆举办，不仅使老一代体育人期盼的'两翼齐飞'的构想变成了现实，并将进一步带动西北省区甘肃、青海、宁夏、陕西的冰雪运动发展，增加数以千万计的人参与冰雪运动。"❶

为备战北京冬奥会，自2017年起，自治区先后进行了数十批5000多人次的跨界跨项选材工作，一批冰雪运动苗子脱颖而出。自治区体育局在持续发展速度滑冰

---

❶ 曾华锋：《冰雪之上添劲旅天山之巅写传奇》，《新疆日报》2016年1月30日。

项目的基础上，陆续组建了短道速滑、越野滑雪、高山滑雪和滑雪登山专业队，整体实力不断增强，并积极为国家输送优秀人才。以阿勒泰地区为例，该地区目前参与冰雪运动的青少年已达8万余人，注册冰雪运动员334人，其中迪妮格尔·衣拉木江、巴亚尼·加林、叶尔太·合兰等8名运动员成功入选国家冰雪运动队。在北京冬奥会筹办过程中，新疆把发展冰雪运动作为重点工作，主动融入大局，积极创造条件建成了一批高标准的国家级训练场馆，积极为国家队培养和输送优秀人才，并在北京冬奥会上取得了良好成绩，展现了新疆民族团结的精神风貌和强大凝聚力。

2022年，中国成功举办北京冬奥会、冬残奥会，在申办、筹办、举办过程中形成的北京冬奥精神，更成为中国人民宝贵的精神财富。

新疆维吾尔自治区第1届冬季运动会于2022年12月30日至2023年2月19日举行。"本届冬运会的举办，正是'后冬奥效应'在新疆的一次集中显现。"北京冬奥会和冬运会留给新疆的宝贵财富，体现在冰雪运动场馆场地的完善、全民参与冰雪运动的热情、各类冰雪运动人才的培养，以及对新疆全面提升冰雪旅游，丰富冰雪产业，助推冰雪经济高质量发展等方面。目前已建成各类冰雪场地188个，其中滑雪场101家、冰场27家、冰雪游乐园60家❶。此外，我区各地还积极挖掘传承冰雪民俗文化，结合大型冰雪赛事和节庆活动开展冰雪风情节、冰雪运动会等各类主题活动。这一届自治区冬运会期间，自治区结合第九届全国大众冰雪季活动开展丰富多彩的群众冰雪体育活动。其中，自治区级冰雪赛事活动15项，将有3500余名冰雪运动爱好者参与。此外，全疆各地将因地制宜组织培训、赛事、论坛等活动428项，参与人数将超60万人次❷。

新疆维吾尔自治区第1届冬季运动会开幕式在阿勒泰市将军山滑雪场举行，闭幕式在自治区体育局冬季运动管理中心短道速滑馆举行。阿勒泰素以"金山银水"著称，新疆维吾尔自治区第1届冬季运动会会徽借由阿勒泰的山水进行延伸，将阿尔泰山、额尔齐斯河与当地特有的毛皮滑雪板运用书法的表现方式进行了呈现（图7-1）。会徽颜色丰富，充满想象，彰显了人与自然的和谐以及

图7-1　新疆维吾尔自治区第1届冬运会会徽

---

❶ 董亮：《"后冬奥效应"在新疆的集中显现——写在自治区第一届冬季运动会开幕之际》，《新疆日报》2022年12月30日。

❷ 李慧、赵明昊：《新疆第一届冬季运动会在阿勒泰举行》，光明网2022年12月31日。

冰雪运动的激情与活力，也凸显了阿勒泰的城市形象。

在新疆维吾尔自治区第1届冬运会会旗上呈现的会徽，意为"丝路冬韵"，其设计灵感是将中国汉字和冰雪运动相结合。该会徽以中国汉字"冬"为创意原型，苍劲有力，自由洒脱的书法笔触演绎出冰雪运动员在赛场上的魅力身姿和运动曲线。会徽展示出阿勒泰地区的阿尔泰山和额尔齐斯河元素，表现出当地"金山银水中国雪都"的城市形象。古老毛皮雪板的元素，体现人类滑雪起源于此、发展于斯，寓意着中国冰雪事业由此传承发展，走向强大。

本届冬运会的吉祥物为阿勒泰地区冰雪IP形象"雪怪阿乐"。2018年11月，"雪怪阿乐"由来自北京电影学院和中央美术学院的专业动漫创作团队，根据阿勒泰地区禾木景区冬季旅游开发需求和景区当地的民俗风情，以国际上最受大众欢迎的吉祥物造型精心创作而成。其形象集合了喀纳斯神秘白熊、禾木牧民孩子的笑颜、冬季洁白的雪、喀纳斯湖碧蓝的湖水和原始牧民滑雪的毛皮滑雪板等元素融合而成（图7-2）。吉祥物取名"阿乐"，寓意为阿勒泰的快乐宝贝。2021年，"雪怪阿乐"获得文化和旅游部组织的第4届动漫奖"最佳动漫形象称号"。"'雪怪阿乐'冰雪IP形象的诞生不仅提升了阿勒泰冬季旅游的品牌知名度，以'阿乐'为主形象的一系列衍生文创产品的推出，也备受疆内外游客的喜爱。"此外，新疆首届冬运会还特别邀请了黑龙江、吉林、辽宁、浙江、山东、广东6个援疆省100余名队员参加了竞技体育项目的部分比赛，与新疆冰雪少年共同角逐雪原。

图7-2　新疆维吾尔自治区第1届冬运会吉祥物

举办新疆维吾尔自治区第1届冬季运动会，是大力弘扬中华体育精神和北京冬奥精神的生动实践，是深入开发利用新疆独特冰雪资源优势、激发各族群众冰雪运动热情、大力发展冰雪产业的具体举措。

（一）加强冰雪设施建设和产品供给

一是打造冰雪重点品牌。支持伊犁州、阿勒泰地区、博州、昌吉州、乌鲁木齐市等冰雪资源富集区打造不同主题和风格的冰雪旅游景区和度假区，建设一批冰雪特色小镇，培育融合冰雪运动、文化体验、康养旅游等板块的集聚区。二是加快冰雪场馆建设。完成将军山、可可托海、吉克普林、那拉提等滑雪场冰雪设施建设。三是丰富冰雪产品和业态。引导各有关地（州、市）依托冰雪资源优势，加快发展冰雪夜间经济，开展夜游主题冰雪游乐系列活动，培育新兴冰雪消费热点，打造冰雪资源富集区文化、体育、旅游消费场景。

（二）大力普及发展冰雪运动

一是不断夯实竞技冰雪队伍基础。二是建立健全冰雪运动赛事体系。主动对接国家体育总局和有关运动中心、协会组织，加强与国际体育组织合作，积极承办洲际杯、积分赛等具有国际影响力的冰雪赛事，适时承办全国越野滑雪、自由式滑雪、单板滑雪、高山滑雪、滑雪登山、速度滑冰、短道速滑等国家级冰雪赛事。举办自治区冬季运动会，持续办好自治区青少年冰雪项目锦标赛等冰雪赛事。三是广泛开展群众冰雪健身活动。健全冰雪运动协会等群众性社团组织，壮大冰雪运动社会体育指导队伍，支持社会力量兴办冰雪运动培训机构。四是推广普及青少年冰雪运动。积极推进冰雪运动进校园，统筹现有财政资金，加强校企合作，保障校园冰雪运动教学、训练、竞赛等活动正常开展。

（三）强化冰雪文化引领

首先，大力推广冰雪运动文化。深入挖掘冰雪运动文化价值及冰雪项目文化内涵，传播冰雪运动文化，普及冰雪运动知识，讲好新疆"冰雪故事"。其次，推动冰雪文化创意产业发展。依托自治区文化产业示范基地与区内外高校，举办"冰雪文化"创意大赛。再次，加强冰雪非物质文化遗产保护和利用。做好阿勒泰地区"马皮滑雪技艺""乌伦古湖冬捕""阿勒泰牧民转场习俗""宝玉石岩彩画"等项目申报自治区级非物质文化遗产项目的相关工作，积极推动各地申报与冰雪产业相关的非物质文化遗产代表性项目。最后，开展特色冰雪节庆活动。打造知名冰雪旅游节庆、会展品牌，提高新疆冰雪旅游胜地的知名度、影响力和吸引力[1]。综上，新疆未来的冰雪文化必定迎来一个大繁荣、大发展的新时期。

虽然新疆冰雪文化取得长足进展，但也存在诸多不足，首要的是新疆冰雪经济潜力未得到全面释放，主要体现在冰雪资源优势未充分转化为冰雪经济优势，冰雪

---

[1] 新疆维吾尔自治区人民政府办公厅：《印发关于进一步破解瓶颈制约推动自治区冰雪运动和冰雪旅游高质量发展行动方案（2022—2025年）的通知》。

旅游、冰雪运动等冰雪经济相关产业链条短、规模小、系统规划不够、同质化问题突出、资源整合和品牌打造不充分。新疆冰雪文化宣传有待进一步加强，着力打造新疆位于丝绸之路经济带核心区，打造"冰雪丝路"经济走廊需要各部门通力合作，实现政府主导，多元主体参与，冰雪赛事体育与大众冰雪文化互动等有待进一步整合。冰雪运动文化意识不足，冰雪文化从广义上来说是指人们在冬季现有的冰雪条件中，从事各种各样的生产加工与生活娱乐的文化方式，如冰雪民俗、冰雪艺术、冰雪赛事等[1]，因此，需要树立正确认知冰雪运动文化的意识。冰雪运动人才短缺，冰雪运动人才是泛指在冰雪领域方面能够起到一定的促进作用，助力冰雪运动发展的人才，如冰雪管理人员、冰雪服务人员、冰雪开发人员、冰雪产品设计加工人员等专业管理与技术人才[2]。冰雪教育是对冰雪人才培养的重要路径之一，目前新疆高等冰雪教育发展存在局限，体现在冰雪教育师资薄弱、教学硬件设施不足、教育理念有待提升、冰雪运动人才短缺等现象。

三、新疆冰雪文化发展路径

（一）加快新疆冰雪文化建设

第一，加强冰雪旅游基础设施建设，提高冰雪旅游接待能力。要深化冰雪旅游供给侧结构性改革，加大冰雪旅游基础设施的投入，完善冰雪旅游基础设施建设，提高交通基础设施保障能力和冰雪旅游接待能力。完善旅游目的地滑雪场的场地设施建设，改进滑雪场硬件的同时提高服务质量，提升景区舒适性和接待能力。

第二，加快冰雪文化产业发展，完善冰雪旅游基础设施建设。随着我国新发展格局的构建，冰雪旅游产业和冰雪运动事业迎来了跨越式发展，冰雪旅游产业"跨界"融合前景广阔，成为体育旅游行业中最具有活力的支柱型产业之一。冰雪产业以冰雪旅游和冰雪运动为核心，以科技、交通、金融、人才等为支撑，涉及装备制造、服装服饰、文化科教、会展服务、餐饮住宿、商贸娱乐等领域[3]。冰雪产业高

---

[1] 贾春佳等：《我国冰雪体育文化的本源、特征与发展对策》，《哈尔滨体育学院学报》2017年第3期。
[2] 张婷等：《北京冬奥会背景下我国冰雪运动可持续发展路径研究》，《体育文化导刊》2018年第7期。
[3] 林素絮、黄元骋：《冰雪运动产业技术创新与商业模式创新融合研究》，《广州体育学院学报》2020年第2期。

质量发展一方面要通过"冰雪+"旅游、体育、装备、文化、动漫、会展等，实现冰雪产业与相关产业广泛、深刻的融合发展，进而催生冰雪产业新经济新业态新模式，推动冰雪产业模式的创新。另一方面，随着冰雪衍生产业的发展与壮大，冰雪产业的空间集聚将有助于冰雪产业的集约发展和技术进步，进而推动冰雪产业的创新升级[1]。所以，新疆应"大力发展寒地冰雪、生态旅游等特色产业，打造具有国际影响力的冰雪旅游带"。与国内其他区域相比，新疆冰雪资源优势突出，是助力中国实现冰雪经济高质量发展的天然高地。深厚的冰雪文化底蕴为新疆发展冰雪产业奠定了良好的产业条件，冰雪产业有望成为新疆社会经济发展取得新突破的重要抓手。在"一带一路"倡议和构建"双循环"新发展格局的背景下，推动冰雪经济高质量发展，让冰雪文化成为中国对外交流合作的重要载体，通过冰雪文化交流助力"双循环"新发展格局，是扩大对外开放的路径选择。

第三，健全冰雪人才培养体系，加速冰雪人才供给。在冰雪产业人才培育过程中，要加强政府、冰雪场地、企业与高校之间的深度合作，通过高质量的产教融合和校企合作共同完善冰雪人才培养体系。一是针对专业的冰雪文化专项人才开展体育协会资质认证考核，提高冰雪文化从业人员的整体素质，建设规范化的人才培养机制。二是针对本科生和研究生构建不同类别的冰雪人才培养模式，如冰雪运动管理人才、冰雪艺术人才、冰雪旅游人才、冰雪康复人才等，建设体系化的人才培养体系。三是加快推进冰雪项目进校园，将冰球、冰壶、短道速滑等冰雪课程融入国家体育课程体系，将"冰嬉""冬捕""冬狩""木帮"等冰雪民俗、中国优秀冰雪文化与奥林匹克精神融入德育、历史等文化课程，构建室外体育课与室内文化课"两位一体"的冰雪教育模式。

第四，深入发掘冰雪文化价值内涵，扩大冰雪旅游群众基础。冰雪文化建设在冰雪运动和冰雪旅游发展中具有极其重要的作用，冰雪经济的高质量发展必须充分发挥冰雪文化提升冰雪运动和冰雪旅游层次与内涵的作用，打造国际知名的优质旅游品牌。随着体育强国战略的不断推进，新疆开展冰雪运动的区域不断扩大，冰雪运动种类日益丰富，冰雪运动参与人数和人次显著增加。新疆积极开展群众性冰雪赛事、推广民族民俗冰雪运动，冰雪文化的群众基础不断得到扩大。

要加快"一带一路"沿线冰雪旅游与生态文化的深度融合发展。生态文化重视人与自然和谐共生、协同发展，以人与自然和谐、全面、可持续发展为宗旨。冰雪旅游与生态文化深度融合发展的目标是建立起一个社会、经济、冰雪与生态文化等

---

[1] 冯烽：《北京冬奥会背景下中国冰雪经济高质量发展的推进策略》，《当代经济管理》2022年第3期。

自然协调发展，物质、信息高效利用，生态良性循环发展的人类聚居地，即高效、和谐、宜居、幸福的冰雪旅游产业与生态文化深度融合发展的城乡社区。因此，要优化冰雪旅游产业与生态文化融合动力机制，树立冰雪旅游产业与生态文化融合和谐均衡发展的绿色、低碳和循环的价值观。冰雪旅游产业与冰雪文化节庆融合发展存在相辅相成、相互促进的密切关系，要实现冰雪旅游产业与冰雪文化节融合发展必须坚持创新发展、打造新模式、新业态、新机制❶。

第五，优化冰雪文化传播路径。要打造冰雪运动传播平台，彰显新疆冰雪文化特色。着力打造一批专业性的新媒体冰雪运动社交App，努力构建独立的冰雪运动传播平台，以建设冰雪运动品牌赛事为纲要，强调用户间的互动交流和文化反馈。利用微博、微信、QQ和抖音等自媒体平台进行多种渠道传播，组织创设群众喜闻乐见的冰雪运动文化主题，以诠释趣味性与正能量的冰雪运动文化为宗旨，加强传统媒体与新媒体进行媒介融合，强调媒体间融合、多方联动、资源互补，共同塑造冰雪文化的传播平台，促进冰雪运动文化传播，突出民间的冰雪运动文化特色传播。冰雪运动传播的适他传播理念是基于冰雪运动文化传播、构建用户社群和平台搭建三位一体，最终服务于实现有效传播的理念，并从传播宗旨、主体、渠道、内容、方式、效果等方面构建适他理念的传播模式，传递出奥林匹克精神，突出中华民族文化精髓，深入民众的内心，激发人民参与的激情❷。

（二）推动冰雪丝路文化建设

冬运会的举办和新疆多元的冰雪文化发展使新疆的国际影响力不断增强，新疆逐渐构建出世界冰雪运动的新格局，世界各地的目光都开始投向新疆。新疆冰雪文化的发展逐步影响到世界，特别是第13届全国冬运会还带动了新疆地区周边国家的冰雪运动。

作为丝绸之路经济带核心区，新疆地缘优势明显，与周边国家开展冰雪经济合作、打造"冰雪丝路"经济走廊具有天然的便利条件。新疆地处亚欧大陆腹地，从东北至西南与八国接壤，是祖国面积最大、陆地边境线最长、交界邻国最多的省区。倘若继续加大力度与中亚国家联手开发向西延伸的丝绸之路旅游资源，整合和连接完整的古丝绸之路中亚旅游资源链条，必将做大做强做优新疆旅游产业。当

---

❶ 常晓铭、刘卫国：《"一带一路"背景下北京冬奥会推动我国冰雪旅游产业融合发展研究》，《北京体育大学学报》2020年第7期。
❷ 俞鹏飞、王庆军：《新媒体时代中国冰雪运动文化传播的机遇、困境及路径》，《体育学刊》2019年第1期。

前，新疆冰雪文化在"一带一路"建设契机下发展势头持续向好，较之前有显著提升。新疆要持续不断地扩大国际关于冰雪体育文化的交流与合作，进一步深化新疆地区与周边国家在文化体育领域的交流合作，尤其深化与俄罗斯、哈萨克斯坦等冬季体育强国之间的联系与合作，为推动中国和丝绸之路沿线国家冬季运动发展贡献力量。

当前我国冰雪文化与国际交往密切的项目主要有冰球、速度滑冰、跳台滑雪等，交往主体与区域集中在高校科研合作，政府、社会组织间官方往来，民间运动员、教练员间相互接触合训，冰雪企业间商业互通，以及社会民众间友好沟通等[1]。新疆冰雪应借助"一带一路"建设契机进一步加强加深同国际冰雪强国的文化交流，多方面、系统性、持续性地推动发展冰雪文化交流互动。通过"一带一路"建设，促使国际先进冰雪文化传入新疆，结合新疆冰雪具体发展情况和体育优秀传统文化，进行国际冰雪文化的中国化、新疆地域化，不断挖掘新疆冰雪文化内涵，提升新疆冰雪体育整体实力。推动新疆冰雪跨越式前进，利用新疆自身优势带给新疆各族群众美好的冰雪文化享受，为实现"三亿人参与冰雪"目标和建设冰雪强国提供理论指导和实践参考。

新疆在不断尝试探索如何推动新疆冰雪文化的国际交流。在新疆第16届冬博会上，通过举办2022冰雪经济高质量发展暨丝绸之路文化旅游合作论坛，国内知名专家学者将就"一带一路"倡议与新疆旅游业发展导向、后冬奥时代中国滑雪市场展望、大力发展文化旅游、新疆滑雪产业价值等主题发表主旨演讲，为新疆未来的冰雪文化发展建言献策。"一带一路"冰雪运动文化交流是植根于丝绸之路的历史土壤，以和平、合作、发展、共赢为核心理念，以五通为主要内容，以传播冰雪运动文化为引领，以三个共同体为目标，以搭建多样共生、平等协商、包容成长、文明善治、合作共赢的新模式为平台。新疆冰雪文化的对外交流合作可以弘扬丝路精神，讲好中国故事，推动人类文明进步和世界和平发展，为全球文化交流、文明互鉴与人类命运共同体建设，提供中国理念、中国经验、中国体育、中国智慧与中国方案[2]。

新疆大力发展冰雪文化可以推动"一带一路"冰雪文化交流，以冰雪赛事、人文合作、科技创新等多层次、多领域进行文化交流及活动内容形式深度融合，促进了对外国际合作，推动不同体育文化间连接交流、精神弘扬、全球合作，让更多国

---

[1] 冯荣臣：《"一带一路"建设视域下我国冰雪运动文化的发展研究》，2021年"一带一路"体育文化学术大会论文摘要集，北京，2021，第393-394页。

[2] 唐云松、陈德明：《"一带一路"冰雪运动文化交流价值与推进路径》，《体育文化导刊》2022年第3期。

家和地区的人民从知道、了解到向往新疆冰雪，提升我国冰雪运动文化软实力，回答文化交流、融合认同与文明互学互鉴时代的要求与关切。可以说，新疆冰雪文化的对外合作发展超越种族、国籍，使体育全面回归国际社会，展现人类美好品质、安全健康、共生共长、文化交流、文明对话庆典，重连北京冬奥精神全球价值链，促进各国人民相互理解，贡献中国治理和国际冰雪文化交流新模式。

发掘各国"一带一路"沿线冰雪旅游产业发展的潜力，促进冰雪旅游产业投资和消费，创造需求和就业，增进"一带一路"沿线各国人民的冰雪旅游文化交流与文明的互鉴。加快推动我国"一带一路"沿线体育旅游产业深度融合发展，不仅是实现我国经济发展新常态的重要基础之一，也是实现新时代中国旅游产业深度融合走向国际化的重要空间和平台。"一带一路"对于新疆冰雪文化发展的意义在于推动新疆冰雪文化规模化、跨界化、创新化，以及冰雪体育、冰雪科技、冰雪工程、冰雪旅游、冰雪文化、教育艺术、冰雪城镇、产业园区等方面的国际化，创新与世界各国人文交流全方位合作共赢的领域与模式。北京冬奥会将汇集制度优势与传统智慧，呈现极具文化内涵、民族冰雪特色、现代科技、经济实力及治理能力的发展态势。新疆在后冬奥会周期应将重绘新时代新格局新型冰雪"一带一路"的演进图谱，开启冰雪运动文化交流新方向、新模式和新篇章。将自身优势主动融入国家发展战略主导的强势领域，延展人文合作效能，平衡利益诉求，共商、共建、共享，提供崭新包容性依托平台、机遇、发展空间，建设新型"一带一路"体育人文合作纽带，特别是与中亚的冰雪文化互动。

"一带一路"建设可以加强新疆冰雪体育文化交流，以冰雪产业包括高端制造业、冰雪生产性制造业、冰雪生活性制造业、冰雪旅游业为基础，共同打造"冰上丝绸之路"。构建完善的"一带一路"沿线冰雪旅游公共服务保障体系，以政府为主导，以市场、社会团体和私人机构等为供给主体，为区域冰雪旅游发展提供公共服务平台，从而提高冰雪旅游产业融合发展质量，提升广大游客满意度、信任感。

加强国际合作，应充分发挥新疆丝绸之路经济带核心区优势，主动融入中蒙俄、新亚欧大陆桥经济走廊建设，加强与周边国家战略对接和政策沟通，探索与俄罗斯、哈萨克斯坦和蒙古国等国家共建边境及跨境冰雪合作示范区，打造新时代的"冰雪丝路"经济走廊。以赛事为平台和契机，按程序组织策划国际冰雪主题论坛、招商会、展览会等多层次、多门类活动，深化人才技术、产品项目、商贸文化等领域的深层次合作，加强高端国际资源整合利用和高水平国际交流，拓宽"国际冰雪朋友圈"，提升新疆冰雪领域国际影响力。

加强国内合作，发挥对口援疆综合效益，加强冰雪体育、冰雪旅游、冰雪产业援疆，鼓励各省市援疆指挥部继续做好旅游专列、包机等"游客送疆"工作；推动新疆与冰雪旅游强省建立冰雪旅游友好城市、冰雪旅游专家智库，联合开展冰雪旅游人才培训、品牌创建、体育赛事和冰雪旅游节庆活动，提升新疆冰雪旅游发展水平。加强新疆区内合作，牢固树立"一盘棋"思想，深化兵地冰雪产业融合发展，各地区各部门在冰雪旅游营销推广、人才培养、政策协调、赛事举办等方面加强沟通合作，形成推动冰雪经济高质量发展的强大合力。

四、小结

文化是一个系统性的结构体系，是包含了政治、经济、道德、法律等在内的物质、精神和制度性文化的综合体现，它们之间相互影响，共同发展，塑造着人们的集体意识。冰雪文化发展的关键是冰雪文化集体意识的传播与培育，发展冰雪文化对于广大群众来说是具有文化导向性的社会行为，增强大众对冰雪文化的了解，并积极参与其中，如通过制度性引导、经济性推动、道德性培育、群众性参与可以激发社会发展冰雪文化的潜力和基础，形成社会行动冰雪文化参与体系，引导大众参与到冰雪文化建设中，并以冰雪文化发展带动社会发展进步。冰雪文化的文化意义重要体现在以下三个方面。

一是塑造更完善的生命个体，培育人与自然和谐共生的发展理念。通过人与自然的结合促进人的自我生命成长，强健体魄、丰富文化精神，在冰雪运动中不断完善自我、超越自我、感悟生命、敬畏生命。人与自然和谐统一，冰雪文化可以增强人与自然的文化参与度，感悟到自然的力量和包容，培育人与自然和谐发展的意识。群众是文化传播的土壤，只有使群众认识到冰雪文化具有促进自身全面发展的价值意义，才能夯实冰雪文化发展基础。加强冰雪基础设施建设，提升公共服务水平，通过不同类型、级别的冰雪体育竞赛的举办，推广和传播冰雪体育文化，尤其重视青少年群体冰雪体育文化的传播，提高冰雪体育参与人口基数。举办冰雪文化艺术节，推动冰雪民俗文化发展，做好冰雪文化下基层文化活动。

二是冰雪文化可以促进社会经济发展。冰雪旅游产业作为一种冰雪产业与旅游产业深度融合的新兴产业形态，既能对区域相关产业产生积极的推动作用，也能反映出冰雪文化在区域经济、社会、文化和生态发展中的实现程度，"一带一路"沿线冰雪旅游产业的深度融合发展，为新疆冰雪文化旅游的发展提供持续动力，可以实现我国冰雪文化战略发展目标，优化新疆社会经济环境和传统经济结构，提升新疆经济水平，满足人民群众对美好生活的向往。

三是冰雪文化作为国家文化软实力的重要组成部分，通过推动新疆冰雪文化发展，坚持以中华文明的美人之美、各美其美、美美与共的处世之道、价值导向、精神气质、生存哲理为内涵，以新型文明交流互鉴思想为基础，以展现中国文明多彩、共存、平等、交流、互鉴新型世界文明观，阐述新思想、新观点为目标，可以有力增强中华文化软实力，增强人民的文化自信和世界对中华文化认同。

新疆拥有丰富的冰雪文化资源，具有开展冰雪运动的良好体育基础。20世纪80年代，新疆冬季体育项目尤其是冰上项目是我国冰雪运动的一支重要力量，而且新疆很多民族有着冰雪运动的天赋和传统，身体素质优异，非常适合从事冰雪运动。随着新疆社会经济的快速发展，丝绸之路经济带核心区的建设，在强有力的政策支持下，新疆已经建立起发展冰雪文化的良好氛围，建设了一批国际一流的冰雪体育赛事场馆，为新疆冰雪文化发展创造了有利条件，奠定了良好基础。同时，新疆可以依托冰雪文化围绕"一带一路"建设，促进中国与世界的政治、经济、文化、体育、旅游、教育、科技、媒体等领域深度交流合作，为"一带一路"倡议提供科学系统路径保障，这应是新疆发展冰雪文化所具备的重要文化功能。

第八章

美术与设计作品中的冰雪文化

《独处》 水彩 36cm×53cm 2019年 郭世杰

2022年北京冬奥会为世界人民展现了一场底蕴深厚的体育文化盛会，不仅有力推动了我国冰雪文化发展，还提升人民群众的获得感和幸福感，增强了文化自信。同时，向世界展示了中国的国家形象和国家精神，也为我国冰雪运动发展带来了新机遇和新挑战。2019年，中共中央办公厅、国务院办公厅印发的《关于以2022年北京冬奥会为契机大力发展冰雪运动的意见》中指出："牢固树立新发展理念，创新体制机制，明确备战任务，普及冰雪运动，发展冰雪产业，落实保障条件，努力实现我国冰雪运动跨越式发展……努力实现带动3亿人参与冰雪运动的目标。"由于我国冰雪运动起步较晚，普及率低，大众对冰雪运动的了解有限，依靠文化传播，发展2022年北京冬奥会遗产，普及传播冰雪文化，带动促进我国冰雪文化发展具有重要的现实意义。

冰雪文化传播对促进冰雪文化深植人心、提升我国冰雪运动未来发展水平，以及带动更多的人参与冰雪运动具有深远意义。在现代冬奥会语境下，冰雪文化可解释为以冰雪运动器材为主的物质文化、以冰雪运动规则为代表的制度文化、由冰雪活动衍生各类的精神文化，冰雪体育文化是人们在进行冰雪体育运动实践过程中创造的物质与精神产物的总和。随着冰雪运动在全国范围内的推广和普及，冰雪体育运动项目的开展面积不断扩大，冰雪活动参与者的数量逐渐增多，以及更多不同领域的社会成员不断参与进来，推动我国社会群体的积极力量[1]。群众参与度与人数的不断提高，可以为我国冰雪文化的传播推广提供广泛的群众基础。

良好的文化氛围和坚实的群众基础对于冰雪文化推广发展至关重要。我国以往的奥运文化传播多是政府机构与主流媒体联手进行的大众化宣传，投入大、组织性强、覆盖范围广，但缺乏互动性和个性[2]。当前传播中国特色冰雪文化已不仅是政府和主流媒体的责任，更是一场需要全民参与的文化活动。传播渠道的选择需要结合受众的特点，尤其是主要传播对象的媒介接触习惯和所偏好的内容展现形式。如今传播渠道不再拘泥于传统的广播、电视、报纸，甚至也不仅限于被称为"新媒体"的各种移动终端，"场景化"思维在确定传播渠道的过程中必不可少。新媒体时代的信息碎片化、泛滥化和恶搞叙事等特征也冲击着冰雪运动文化的传播效果，这需要政府占领新媒体传播的制高点，引领健康文明的冰雪文化传播潮流[3]。缘于此，本部分从艺术文化入手，通过对绘画、剪纸、农民画等美术作品及宣传海报等

---

[1] 李岫儒、柴娇：《冰雪体育文化传播的意义及路径》，《体育文化导刊》2019年第8期。
[2] 张磊、谢军：《2022北京冬奥会背景下冰雪文化传播策略研究》，《西安体育学院学报》2021年第1期。
[3] 俞鹏飞、王庆军：《新媒体时代中国冰雪运动文化传播的机遇、困境及路径》，《体育学刊》2019年第1期。

设计作品中的冰雪文化进行梳理分析，尝试艺术对冰雪文化表达与传播的文化特征及意义功能。寻求进一步加深国民对冰雪文化理解、更好地向社会公众传播冰雪运动知识，培养大众参与冰雪运动的兴趣，开辟大众冰雪运动的发展路径。

一、绘画作品中的冰雪文化

艺术传播兼具传达和交流两种意义，充满包容性和通融性，所以，艺术在传播过程中不可避免地会与其他社会文化元素产生关系和互动，不同时期的艺术作品可以呈现不同时期的社会面貌、发展状况及人们的生活状态。绘画作为视觉性文化形式，通过相关绘画主题，借用不同绘画风格，使绘画作品体现出与传达主题相关的信息及思想内涵，视觉识别度高，审美效果好，可以激发不同层次人群的欣赏兴趣，也乐于被大众所接受，达到普及相关主题知识和提升整体社会审美水平的目的，绘画的发展过程也就是其创作主题文化传播的过程。

在世界美术史上，冰雪文化一直作为一种创作主题被不同时期的艺术家所关注，其中关于冰雪运动最知名的画作，大概就是老彼得·勃鲁盖尔的《雪中猎人》了，它是现实主义风景画的经典之作（图8-1）。在此幅画作中，冬日的尼德兰（今荷兰、比利时、卢森堡和法国北部部分地区）碧空幽邃，白雪枯枝。在近景处，猎人们带着一队猎犬踏雪归来，猎狗看起来疲惫瘦弱，归来的猎人只有一位背后扛着打来的猎物，他们背对着画面，向山下村庄走去，每一步都陷在厚厚的雪里，身后留下长长的脚印，不远处还有农家在忙着家务；远处是湖泊、村庄、道路与群山，视野广阔，鸟在天空飞翔，形成不同空间的互动。人们在冰封的湖面上享受着冬季所特有的体育运动，一群人热热闹闹地溜冰，进行冰爬犁、冰陀螺等游戏活动，还有类似于现代冰壶的冰上运动，表现了人们热衷于冬季冰上运动的景象，虽然画面中的色彩主要是白色的雪景和青灰色的天空，但画面却异常生动。可以看到，16世纪的人们已经有冰球、冰壶、拉雪橇、溜冰这样的冰雪娱乐项目了，尽管它们还远不是现代意义上的运动项目，但也体现了冰雪运动广泛的群众基础，冰雪运动与日常生活紧密地联系在一起。

我国传统冰雪运动文化弥足珍贵，是中华民族美好的冰雪情感与古老的冰雪运动相结合的产物，是民族认同感、民族归属感、民族精神的重要载体。清朝乾隆年间以冰嬉场景为主题的宫廷绘画作品《冰嬉图》表现了古代宫廷冰上表演的盛况。作品长563厘米纵36.5厘米，绢本设色，由清代宫廷画师张为邦、姚文瀚共同绘制而成，它以院体画形式完整记录了乾隆时期举行的"冰嬉盛宴"，具有重要的历史价值和艺术价值（图8-2）。冰嬉是一种带有节令特色的体育活动，清代宫内有冬季冰嬉的习俗，并将其视为"国俗"。

图8-1 《雪中猎人》 老彼得·勃鲁盖尔

图8-2 《冰嬉图》 张为邦、姚文瀚

当时皇家每年冬天都要从各地挑选上千名"善走冰"的能手入宫训练，于冬至至"三九"在太液池上（今北京市的北海和中南海）表演。冰场上，旗手和射手们间隔排列，盘旋曲折滑行于冰上，远望蜿蜒如龙形。另外在滑行队伍中还有各项杂技表演，如花样滑冰的大蝎子、金鸡独立、哪吒闹海、双飞燕、千斤坠等，有杂技滑冰的爬竿、翻杠子、飞叉、耍刀、使棒、弄幡及军训性质的溜冰射箭等动作。表演者的各种姿态让凛冽的寒冬充满生机。《冰嬉图》中人影穿梭，透明的冰面上，八旗子弟依序排列，装束整齐的士兵正在冰嬉，接受检阅。

北京浓郁的冰雪文化氛围成为不同时期冰上运动成为画家乐于创作的主题。20世纪50至60年代，北京掀起了一轮冰上运动的新高潮，逐渐形成了北海公园、中山公园、陶然亭公园、龙潭公园、玉渊潭公园、颐和园昆明湖及护城河、筒子河等一大批"老冰场"，其中北海公园久负盛名。中国画家萧淑芳热爱并擅长滑冰，她将滑冰运动作为自己创作对象，以扎实稳妥的学院风为主基调，表现了北京民众冬季滑冰的精神面貌，以写实的手法表现出中西结合的浪漫感（图8-3、图8-4）。

图8-3 《北京冬季的什刹海》 萧淑芳　　　　图8-4 《北海溜冰》 萧淑芳

国内大规模进行冰雪文化绘画创作的时期是北京冬奥会申办成功至举办时期，国内不同层面的文化机构或社会群体纷纷组织以冬奥文化为主题的美术创作活动，如由中国文学艺术界联合会、北京市人民政府、中国美术家协会共同主办的"生命之光——2022第九届中国北京国际美术双年展"。在该展览的征集和评选中，组委会就特别强调要遴选紧扣和展现北京冬奥会和冰雪运动题材的作品。这些新作品以中国画为主，在题材上以滑雪运动为主，滑雪题材在空间和场景上更丰富，能与山水画创作结合起来，也能通过滑雪者激起的雪花获得更丰富的视觉效果，尤其是滑雪者腾空飞起的身姿极具视觉冲击力，因而广受创作者喜爱（图8-5、图8-6）。

与此同时，中国国家画院美术馆举办了"天地人和——中国国家画院2022北京冬奥主题美术·书法作品展"，展览展出的中国画作品创作立意鲜明、笔墨形式

图8-5 《巅峰舞雪》 高毅、黄华三　　　　　　图8-6 《逐·中国梦》 蒋露

多样，充分展示了当代画家以绘画艺术创作演绎冬奥激情、喜迎冬奥盛会的创作热情。他们以艺术的生动形象讲述奥林匹克故事，呈现冰雪健儿自强不息、超越自我的拼搏历程，阐释绿色、共享、开放、廉洁的办奥理念，展示北京冬奥会和冬残奥会精彩、非凡、卓越的奥林匹克新篇章，推动了中华文化和奥林匹克文化进一步的融合交流，并且通过自身的艺术创作发挥重要的文化传播及纽带作用，积极参与冬奥会、宣传冬奥会、助力冬奥会。

中国画的创作形式具有鲜明的艺术特点，在中国传统绘画艺术创作中，冰雪常常以画面"留白"的创作方法予以表现，绘画作品中的"留白"往往具有引发观者进行"视觉完形"想象的重要艺术审美功用。因此，"留白"也是中国画所独有的艺术造型表现方法。展览作品《飞跃》就是一幅运用中国传统绘画"留白"写意造型手法创作完成的绘画作品，画面中大面积的"留白"在滑雪运动员跃动身姿的点缀下，自然地引发了观者对广袤雪场的完形想象，整幅绘画作品中散发着冬季体育运动的热情，显示出画家对冬奥盛会的热情期盼（图8-7）。

冬奥会传达了人与自然和谐共生的思想内涵，是"天人合一"的重要体现。展览绘画作品中能够看到一些画家对"天人合一""天地人和"文化理念的传达与艺术表现，如绘画作品《飞驰的北京》中作者采取了对北京冬奥会多地奥运场馆的自然场景进行艺术形象的组合与重构，将冬奥会不同赛事赛场以及北京的标志性建筑形象艺术化地组织在同一幅绘画作品中，再将几种代表性的冬季体育运动项目中人的运动姿态共同描绘进入绘画作品，体现出浪漫的形象和"天地人和"艺术创作表现理念（图8-8）❶。

---

❶ 魏辉：《以绘画创作喜迎冬奥盛会》，光明网2022年1月25日。

图 8-7 《飞跃》 林容生　　　　　图 8-8 《飞驰的北京》 邱佳铭

2022年1月7日，由中央广播电视总台和中国美术馆共同主办的"迎冬奥·美在逐梦"中国美术馆藏体育题材美术作品展在北京开幕。中央广播电视总台精心组织冬奥会和冬残奥会的宣传报道，持续深挖奥林匹克文化和精神内涵，进一步探寻美育与奥林匹克、艺术与传播的融合规律，以一批思想精深、艺术精湛、制作精良的体育文化作品，向全球60亿观众分享精彩、非凡、卓越的奥林匹克视听盛宴。

国际奥委会委员、中国奥委会副主席于再清表示，通过总台权威而广泛的传播，使优秀馆藏美术作品能够为人民群众提供更多、更好的精神食粮，也让奥林匹克精神得到更加有效的普及。中国美术馆馆长吴为山表示，此次展览生动、立体地诠释奥林匹克精神，展现可信可爱可敬的当代中国形象，向世界讲述中国体育发展的故事，谱写了力与美的华章。

此次展览为期10天，共展出作品160余件（图8-9、图8-10）。吴为山《顾拜旦》、黄胄《打马球》、朱成《千钧一箭》、田金铎《走向世界》、徐启雄《决战之前》、李宏钧《全民健身律动中国》、逄小威的奥运冠军系列肖像摄影等作品都纳入了本次展览。中国美术馆还将同期举办"为奥运冠军画像"活动，艺术家在展览现场为奥运冠军所绘画像也将入展此次展览。是以，上述相关展览中的美术作品通过艺术家、观众、冬奥文化及美术馆等社会资源整体融合互动，结合广泛的社会传播，从而产生出丰富的社会文化意义和多元的社会功能。为探讨绘画作品与社会、政治、经济与文化因素的深层关系提供了重要的社会参考。

首先，冬奥文化底蕴和冰雪体育运动的生动场景为艺术家提供了创作灵感。艺术家以艺术创作为手段，展现体育运动所蕴含的精神与观念、动感与速度，体育和

图 8-9 《征服珠峰》 冯杰　　　　　图 8-10 《延安溜冰》 刘岘

艺术结合是"力"与"美"相互交融的完美例证；其次，艺术作品价值和意义的生成就是在传播主体和受众的互动之下形成的，艺术作品在社会化过程中不仅可以使艺术受众群体通过接受相关冬奥文化实现自我文化提升，还可以促进社会文化建设；最后，冬奥绘画作品运用艺术表达，为中国形象塑造生成了共同的意义空间，通过共情传播、共识达成和文化认同，为中国形象塑造生成了认同的空间❶。

宋连民创作的绘画作品《冬奥之歌》选用了冰雪作为创作的基本要素，整个画面从题材到色调都融入冰雪世界的氛围里，展现了人类在冰的世界里起舞，在雪的飘落中陶醉，体现了人类不断挑战极致的精神和享受无限浪漫的情怀（图 8-11）。作品以冬奥项目单板滑雪作为主要创作对象，单板滑雪是冬奥会运动项目中最具运动感的单项运动之一，姿态个性化高，可视性强，在绘画的表现中可以展现出

图 8-11 《冬奥之歌》 宋连民

---

❶ 薛文婷、张麟、胡华：《仪式·意义·认同：北京冬奥会开幕式与中国形象塑造》，《中国广播电视学刊》2022 年第 4 期。

该项运动多变的动态感。创作中,作者将长城和龙形滑雪场等元素融入画面中,是中华文化中最具认同的文化符号。奥运会的核心精神是人类和平,画面中满天的和平鸽是对奥运会精神的颂扬,和平鸽统一为白色的艺术处理,鸽子承载着中国人民和世界人民对和平的美好期望,加之五彩光照折射在鸽子的身体上,使整个画面更加纯粹、高洁的浪漫情怀,也使这一运动盛会充满喜悦欢庆的气氛。语言形式表达上,作品呈现出中西文化互融的艺术表现形式,结合充满激情动感的炫艳色彩,画面热烈饱满。

冬奥美术创作并不仅限于成熟的艺术家,对于青少年也具有强烈的吸引力。冬奥文化主题的儿童绘画作品呈现出独特的文化特色,它们情感真挚、色彩饱满,充满了童真和对美好生活的向往,备受广大社会群体喜欢。北京冬奥会期间,全国各地关于青少年冬奥美术作品展览等相关活动层出不穷,展现了新时代青少年对于北京冬奥会的无限憧憬和美好祝愿。

兰州市城关区一只船小学在冬奥会期间举办《筑梦冰雪相约冬奥》学生美术作品展活动,不同年龄儿童通过画笔创作出关于北京冬奥会的美术作品,承载了他们自己的心中愿景。刘泽皓同学关于自己的美术作品有如下说明:绘画表达的是通过本届冬奥会举办来展现我国现代化进程,绘画中可以看出将现代化建设的成果应用到冬奥会中,不仅有效改善了各类运动项目场景的环境和质量,运动员能更加舒适地参加比赛,而且能有效地保护环境。画中描绘的是现代化成果在奥运火炬、滑雪赛道、奥运会场景建设等项目中的应用,能明显地感受到运动员对本届奥运会的喜爱程度。通过绘画我们能更加深刻地体会到国家的强大,人民生活的幸福美好,我们对国家的发展和中国梦的早日实现信心更足(图8-12)。刘泽曦同学作品创意说明:绘画主要是展现将现代化的冬奥会和中国传统的元素相结合,创作的主要目的是给世界展现出东方文明古国的文化和浪漫,同时结合中国式现代化建设的卓越成果,体现出我们国家的强大,人民的幸福安康。绘画主要描绘了各国运动员在北京奥运会赛场上尽情地展现各自的风采和实力,在中国这样一个祥和、包容、安全的国度,运动员在欢快、开心、幸福中度过了美好的16天,对中国文化有了更深的认识。通过本届冬奥会的举办,让我们对中国梦的早日实现更加期待,信心倍增(图8-13)❶。

为了积极宣传奥林匹克精神和中华体育精神,提升广大青少年人文素养,由全国妇联家庭和儿童工作部、中国妇女儿童博物馆共同策划和主办的"少年儿童迎冬奥——第二届全国儿童绘画展"在2022年1月14日在中国妇女儿童博物馆开幕。

---

❶《"筑梦冰雪相约冬奥"学术美术作品》,兰州市城关区智慧教育云平台。

图 8-12　刘泽皓作品　六年级　　　　　　　图 8-13　刘泽曦作品　六年级

活动旨在搭建平台、推广奥运知识、普及奥运文化、弘扬奥运精神，让孩子们在参与中感受冰雪文化的魅力，也激发孩子们的想象力和创造力，引导孩子们用手中的画笔表达对北京冬奥会的期盼和祝福。以冬奥会为主题，少年儿童将中华优秀传统文化融入冬季奥林匹克运动，呈现出一幅幅充满童真、童趣的冰雪画面。这展示了孩子们喜迎冬奥的美好心愿，崇尚奥运精神、热爱冰雪运动的场景以及"一起向未来"的坚定信心[1]。与此同时，全国各地积极举办冬奥主题儿童美术作品展，如中国美术馆与教育部中外人文交流中心合作，共同举办第二届"'中外人文交流小使者'迎冬奥绘画作品选展"；共青团河北省委员会等主办，河北省书画艺术研究院承办的"'翰墨童心，放飞梦想'喜迎2022年北京冬奥会首届河北省少儿书画作品展"等为宣传冰雪文化，建设良好冰雪文化社会氛围起到重要的积极作用。

二、农民画中的冰雪文化

农民画是地域文化与民俗艺术相结合的产物，创作场域以乡村为主，创作主体通常是农民，内容以传统民间故事和乡村喜闻乐见的民俗生活场景为主，反映了乡民独特的审美情趣和文化价值观念。参与冬奥会等国际相关文化活动，可以促进农民画文化传播，同时为冬奥会文化传播作出积极贡献。在2022年北京冬季奥运会期间，全国各地农民画家积极进行冬奥会主题性美术创作，将地方传统体育文化与当代冬奥体育文化相联系，使中华文化与冰雪元素交相辉映，体现了自然之美、人

---

[1] 王海磬：《第二届全国儿童绘画展开幕300余幅画作迎冬奥》，《光明日报》2022年1月15日。

文之美、运动之美，诠释了新时代中国可信、可爱、可敬的形象❶。这些展览面向社会大众，汇聚不同地域、民族、类型、内容、风格的冰雪文化农民画作品，成为人们了解学习冰雪文化相关知识的重要窗口。

北京冬奥会期间，金山农民画家们开展了喜迎冬奥创作活动，围绕冬奥主题，将金山传统农民画艺术与冬奥文化相结合，用画笔与丰富的色彩点缀这场举世瞩目的冰雪盛事，使奥运精神与百姓相连，营造浓厚冬奥氛围。每一位创作者的作品都蕴含了自己对冬奥的理解和祝愿，旨在通过中国传统文化与冬奥文化的结合大力宣传冬奥精神，传递出健康向上、顽强拼搏的精神，希望通过作品来传递冬奥精神的力量，让更多人爱上冰雪运动、参与冰雪运动。这些画面的背后并不仅是"热爱"那么简单，更有冰雪运动员的拼搏精神与中国奥运精神，在他们的感染下和奥运精神的引导下，让更多的人探索"冰雪之梦"（图8-14～图8-17）。

由天津市北辰区委宣传部、北辰区文化和旅游局精心策划的"'欢乐过大年·喜迎冬奥会——我们的美好生活'暨北辰区2022年迎新春'年味'题材农民画展"和北辰农民画冬奥主题创作展开展。在北京冬奥会"一起向未来"奥林匹克运动精神的感召下，北辰区的农民画家们拿起了自己的画笔，以农民画的形式表达了对中国又一次举办全球体育盛会的喜悦之情。创作之初，北辰区文化馆召集农民画作者集中学习冬奥知识、了解冬奥文化。农民画家们以独特的视角、丰富的色彩

图8-14 《中国力量！中国速度！》 戚藕弟　　图8-15 《一起向未来》 陆卓彦

---

❶ 郭世杰、刘明、刘洋：《乡村振兴与文化传承——以农民画与乡村教育为例》，《民族教育研究》2022年第6期。

图 8-16 《长城脚下未来梦》 陈玲　　　　　　图 8-17 《祥和冬奥》 邵其华

和细腻的手法诠释、描绘了对冬奥会的认知与感悟，将美好寓意的纹样及冬奥文化、运动项目元素融入农民画创作中（图 8-18、图 8-19）。

北辰区农民画非物质文化遗产代表性传承人何小宝说："我也参与了这次作品的创作，我的作品名称是《一切向前看》。画面表现了世界各国的运动健儿手握着五彩花环，来到咱们北京参加这次冬奥会的这一场景。采用民间美术里面惯用的'借形'表现手段传达出一种团结、步调一致、一起向前的画面节奏。这个背景以深蓝色为主，采用国画里面的'弹雪法'，表现了北京的冬之美、冬之韵，五彩花环及运动员身上所着的服饰颜色对应奥运会的五环颜色，从而突出奥运主题。在氛围营造

图 8-18 《乡村里的"冬奥"》 刘晓丽　　　　　图 8-19 《赛道健将》 毛华

方面，采用了和平鸽、橄榄叶、凤鸟等元素来表达和平、吉祥、喜庆的活动主旨。"❶

冰雪文化凝聚着人类社会与自然界和谐共处的智慧，农民画中的冰雪文化不仅体现着中华民族认识自然、利用自然的实践经验，还呈现出农民画为冰雪赋予温暖的文化情怀，因为农民画承载着农民的梦想，是农民的精神家园，冰雪文化主题的农民画展现出新时代中国农民的新气象。

三、剪纸作品中的冰雪文化

剪纸作为民间美术的组成部分，发轫于乡土文化的生态脉境，体现着人与自然、人与社会关系的生存智慧，具有深厚的历史文化底蕴和持续的生命张力，是人民质朴淳美品格的结晶，反映了他们独特的生活理想、审美追求和鲜明的乡土文化特征❷。北京冬奥会期间，通过将剪纸与冰雪文化相结合，使传统剪纸文化在冬奥会上大放异彩、惊艳世界。

以蔚县剪纸为例，在北京冬奥会开幕式上，负责活跃现场气氛、引导运动员入场的志愿者，用年轻人的笑容和热情感染了来自远方的客人。这些志愿者身穿的马甲和裤子上的"窗花元素"就源自蔚县剪纸。开幕式主题曲《雪花》，温暖人心，手持和平鸽的小朋友们身穿白底红花纹的羽绒服，图案款式同样选用了剪纸元素。服装设计师陈鹏及设计团队邀请来自蔚县的非遗剪纸文化传承人任志国和孙清明老师，根据冬奥元素进行特别创作，儿童鸽服装的颜色基调是冬雪一样的白色，衣服前襟后背和帽子上印着中国红的蔚县剪纸元素，冬装前襟印有中国传统毛笔书法"和平"两字，还印有"福"字，三个吉祥汉字构成两个吉祥词汇，两个吉祥词汇的里里外外环绕着雪花、橄榄枝、梅花、雪如意。

这些元素以蔚县剪纸的阳刻线条呈现，使蔚县剪纸元素之美映于儿童鸽服装之美，儿童鸽服装之美映于冬奥会开幕式之美，整体的儿童鸽服装图案讲述着中国故事，表达出中华优秀传统文化的寓意，传达着中国人民对世界各国人民的善意与友好。双鱼图案寓意年年有余，也承载着孩子们对鲤鱼跃龙门的期待，这幅图形设计来自任志国之手。设计团队将两位传承人的艺术作品二次创作后，配以中国传统门

---

❶ 殷碧琪、王春意、何小宝：《以画为媒喜迎冬奥——北辰农民画献礼冬奥会》，北辰区文明网 2022年2月8日。
❷ 郭世杰、刘明：《民间美术教育人类学研究——以蔚县剪纸为例》，《民族教育研究》2021年第6期。

窗结构，把"和平""福"字的剪纸进行重组，形成最终版的"新中式窗花"图形。孩子们衣服上的剪纸元素也是来自河北蔚县的非遗传承人之手。虎头服上的"虎头帽"设计来源于蔚县剪纸艺术家周利伟的《虎头虎脑》（图8-20），闭幕式服装元素来源于蔚县剪纸"连年有余"（图8-21）。服装制作还采用了刺绣、毛巾绣等多种传统工艺，从形制工艺到花色内容，都在向世界传递着中华优秀传统文化❶。

图8-20 《虎头虎脑》 周利伟　　　　图8-21 北京冬奥会闭幕式剪纸风服装

任志国创作的"中华虎娃——一起向未来"是成系列的五张一套的染色剪纸，五个虎娃戴着民间习俗的虎头帽为共有的中国特色，名字分别叫毅毅、祺祺、翔翔、蔚蔚、来来，谐音是冬奥会的主题口号"一起向未来"（图8-22～图8-26）。五张剪纸以蔚县传统剪纸技艺为依托，通过变换创作理念和主题思想，将冰雪文化与传统剪纸文化相结合，画面的人物不论是滑雪还是滑冰，都动感十足，给人以

图8-22 《虎娃"毅毅"》 任志国　　　　图8-23 《虎娃"祺祺"》 任志国

---

❶ 冀泽民：《蔚县剪纸在开幕式上火出圈！》，澎湃新闻2022年2月7日。

图 8-24 《虎娃"翔翔"》 任志国　　图 8-25 《虎娃"蔚蔚"》 任志国

层次丰富、和谐美好、积极向上的视觉效果。此外，任志国相继创作了《大境门长城形象》《雪如意》等剪纸作品。

蔚县剪纸是我国北方剪纸的主要代表，具有重要的历史文化和艺术美学价值。其题材纹样独特、造型色彩丰富、刀工技法巧妙多变，给人厚重质朴的审美感受。蔚县剪纸贴近人们实际生活，是地域现实生活的真实写照，散发出淳朴的乡土气息和民间味道。因此，蔚县剪纸艺术在民间美术领域，体现了中国乡土文化

图 8-26 《虎娃"来来"》 任志国

的基本样貌，更重要的是，通过积极参与大型国内和国际艺术文化活动逐步走向世界，有力地传承弘扬中华优秀传统文化。当前，蔚县剪纸元素又被广泛运用到现代平面设计中，将传统与现代相结合，赋予其更丰富的文化内涵。

在2022年北京冬奥会开幕倒计时10天之际，河北张家口市蔚县举行"'激情冬奥剪彩冰雪'冬奥艺术大赛之优秀剪纸艺术作品征集活动暨第八届剪纸艺术节作品推优发布活动"，发布了83幅冬奥主题获奖剪纸作品。通过剪纸艺术这一优秀传统文化形式，宣传和支持北京冬奥会，弘扬中华优秀传统文化，展示中国民间文化艺术成就。这对促进全国不同地域剪纸艺术交流，带动全社会更深入参与到非遗的保护传承具有重要意义。

将传统剪纸文化的代表性元素融入现代主题性设计中，从剪纸艺术的题材中选取富有象征意义的图案结合主题进行创作，借用剪纸艺术的技术方法，如利用平构原理、解构、重构、变形、打散等，从剪纸艺术的色彩中抓住色彩语言的象征色、装饰色、互补色，设计出具有中华优秀传统文化和地方特色的冰雪文化作品，既是

对传统剪纸文化的一种超越，也是对传统优秀文化的一种回归（图8-27、图8-28）。此外，这种具有传统文化特色的艺术表达形式也是一种冰雪文化教育方式。一是冰雪文化主题性剪纸呈现出教育机制、艺术实践、艺术系统、社会文化环境和个人主观能动性的动态组合关系，并不断审视研究标准和时代性感知的交互联系，加强了统一与特殊的关联互动，从而增强民间美术教育的功能和效度❶。二是冰雪文化主题性剪纸重视人本主义设计理念，挖掘冰雪文化与剪纸文化最具生命力的文化因子，使社会不同层次群体加强对文化原真性与本真性的理解与尊重，从而打造出中华文化自信的基础力量，进而增强中华民族的认同感和自豪感，构筑中华民族共有精神家园。

图8-27 《冰雪冬奥》 邱晨龙　　图8-28 《冬奥福》 梁鹏

中国当代剪纸艺术具有雅俗共赏的审美特性和与时俱进的创新特征，艺术家们在坚守传统的基础上大胆发挥想象力与创造力，使现代剪纸作品在记录生活、讴歌时代的同时，展现出独特的艺术个性，多维度的创作探索为剪纸艺术的发展注入了蓬勃的生命力。

蔚县剪纸艺人李宝峰设计的作品《冬奥中国娃》，作为北京和张家口联合申办2022年冬奥会的图案和元素符号，以宣传折页形式在索契"中国之家"亮相，是申办城市文化与奥运文化的融合（图8-29）。主图是一个北方儿童戴着虎头帽、穿着虎头鞋在滑雪，棉衣前是Beijing字样，四周是儿童们在进行冰雪项目，有冰壶、冰球、滑冰、冰车等，背景是雪山和雪花的元素。中国红色彩的选取，热烈大方、

---

❶ 郭世杰、刘明：《民间美术教育人类学研究——以蔚县剪纸为例》，《民族教育研究》2021年第6期。

热情奔放。人物造型原汁原味，具有北方特色的虎头虎脑、雄壮威武、灵动活泼。作品寓意鲜明，充满民俗文化气息，构成了一幅放飞梦想、激情冬奥的艺术图案❶。

中华优秀传统文化赋予了剪纸独特的艺术语境，渗透着浓厚的人文精神与情感温度。剪纸艺术所具有的文化属性和视觉特性，又使其极易融入当代现实生活之中。冰雪文化主题剪纸的画面中，不仅有花样滑冰、冰球、滑雪等冬奥会体育项目，还有多元的地方性民俗文化，拥有良好的群众基础。借用剪纸文化来进行冰雪文化传播贴近人们生活实际，以喜闻乐见的艺术文化形式塑造冰雪文化社会氛围，促进冰雪运动发展（图8-30）。

图8-29 《冬奥中国娃》（局部） 李宝峰

图8-30 《蹬着板凳挂彩灯》 李宝峰

四、设计作品中的冰雪文化

设计通常是指设计师有目标有计划的进行技术性的创作与创意活动，分为视觉传达设计、平面设计、三维设计等多种设计类型，设计在许多领域都有应用，涉及的方面也比较广泛。本部分指的设计主要是从海报设计出发，探索海报设计中的冰雪文化面貌、特征及意义功能。海报设计主要特征是对图像、文字、色彩、版面、图形等元素进行融合，结合广告媒体使用特征，通过相关设计软件实现表达广告目的和意图的平面艺术创意活动。

海报是一种信息传递的艺术，是大众化的宣传工具。传统海报主要是贴在街头墙面或挂在橱窗里以其醒目的画面吸引路人的注意。随着信息化时代发展，电子海

---

❶ 马玉亭：《蔚县剪纸在冬奥会平面设计的应用研究》，硕士学位论文，北京林业大学，2017，第26页。

报渐成主流，注重创意表达，根据广告主题，运用艺术手段，把所掌握的材料进行创造性的组合，通过广告媒体进行宣传。

最早的奥运会海报是艺术家手绘创作而成，进行创作时，艺术家会把对奥运的理解认识带入绘制的每一个局部，产生了一种独特的审美效果，手绘的海报往往具有更多的可读性，其呈现出来的绘画风格也是当时艺术面貌的一种体现，色调和构图的逻辑也展现了举办地的民风，如热情奔放或理性严谨，所以说冬奥宣传海报是展示国家风土人情的一个重要窗口。缘于此，奥运海报是历届奥运会举办国文化传播项目和视觉形象系统的重要组成部分，是展现国家文化、国家品牌，传递奥林匹克精神与理念的一种载体，至今已经有一百二十多年的历史。

2022年北京冬奥会和冬残奥会主题海报是北京冬奥会重要的视觉文化内容，是彰显文化自信、营造冬奥氛围、推广冰雪运动、推进全民健身的重要手段（图8-31）。它们以中华文化的特有魅力感染全球，走近大众，让世界人民更为直观地了解北京冬奥、参与北京冬奥、支持北京冬奥，努力为北京冬奥会和奥林匹克运动发展留下珍贵的有形遗产。

图8-31　2022年北京冬奥会和冬残奥会官方海报

奥运海报是北京冬奥会重要的视觉文化内容，是彰显文化自信、营造冬奥氛围、推广冰雪运动、推进全民健身的重要手段。所以，为进一步提升北京冬奥会的公众参与度，丰富冬奥宣传海报的多样艺术风格，北京冬奥组委于2020年9月21

日在2020北京国际设计周上，面向社会发布了北京冬奥会宣传海报征集公告。组委会通过线上线下广泛征集宣传海报设计方案，得到百余家设计机构、各界媒体、全国艺术设计类院校师生的积极响应，共征集1565套（件）作品，其中，未成年人组作品137件。经过多轮评选，从50套（件）入围作品中评出20套（件）优秀作品，经过深化修改、查重，最终确定11套（件）优秀设计作品为2022年北京冬奥会和冬残奥会宣传海报❶。

《热情连接世界》作为北京冬奥海报中的入选作品，该海报由四川美术学院学生张素筠设计，作者秉承"精彩、非凡、卓越"的奥运理念，以体育为主题，以中华文化为载体，采用了"奥运五环""雪花""中国结"等设计元素，在体现中国热情好客的同时，展现了奥运与世界相连，共建美好世界的奥林匹克精神（图8-32）。北京服装学院李晓敏、张蓉的作品名为《今年在北京》，其设计灵感来自北京天坛。利用天坛祈年殿的屋顶来表现积雪覆盖的滑雪道，另有一位单板滑雪运动员在"雪道上"飞驰。作品以北京天坛作为主要元素，利用天坛的轮廓结合高山滑雪运动进行创意，传达了冰雪运动相聚北京的寓意。海报用红蓝对比色渲染出奥林匹克运动的活力，同时，红色也体现了中国气质和北京印象。海报以体育为主题，以文化为内容，融入了冬奥元素、中国文化、城市风貌、冰雪运动等多种设计元素（图8-33）。

图8-32 《热情连接世界》 张素筠　　图8-33 《今年在北京》 李晓敏、张蓉

---

❶ 季芳：《北京冬奥会与冬残奥会海报发布》，《人民日报》2021年9月23日。

据北京冬奥组委文化活动部部长陈宁介绍，这11套作品以体育为主题，以文化为内容，融入了冬奥元素、中国文化、城市风貌、冰雪运动等多种设计元素，既有奥林匹克精神的展示，又有对大赛氛围的渲染；既有对冰雪运动的热爱，又有笑迎八方宾朋的胸怀；既有中国传统文化的体现，又有主办城市风貌的呈现。宣传海报体现了中华文化底蕴与奥林匹克精神的统一，呈现了冬奥项目造型与全民运动风采，展示了年轻一代蓬勃向上的朝气和参与冰雪运动的热情。这些高质量、有特色的宣传海报，将进一步宣传冬奥文化、冰雪文化，丰富北京冬奥会品牌形象，营造热烈的城市冬奥氛围❶。

北京奥运城市发展促进会副会长、海报评审委员会主席蒋效愚表示，北京冬奥海报呈现四大特点：一是主题鲜明、题材多样，二是形式多样、不拘一格，三是手法现代、创新表达，四是适用广泛、易于共鸣。"不同的人看到海报以后都能找到共鸣和情绪激发点，从而更加关注北京冬奥。"❷

孙亚飞于2019年毕业于中央美术学院壁画系，现为中央美术学院协同创新办公室教师。他所创作的海报《一起来吧！JOIN US JOIN IN》也入选了北京冬奥会宣传海报，其场景呈现了非常闲适的状态，老百姓在北海公园悠闲地滑冰（图8-34）。作者用标志性的北海公园的图像展现了北京的主要文化符号。人们在冰上快乐地玩耍，脚下的一道道冰痕汇聚成五环。如作者所说："我在创作前做了很多对于人物动作的推敲和修改，每个人物都画了速写稿和色彩稿，人物形象要有概括提炼且兼顾绘画感，总体造型要让人们感觉到亲切、可爱。通过一个普通生活中滑冰的场景把人们带入其中，让大众对冰雪运动产生'共情'。冬奥宣传海报不同于其他海报，它的受众群体来自全世界，需要从每一个细节具体来呈现我们的国家形象。人民生活富足、安定、幸福、美满，才会呈现出一个'闲适'的状态，所以我在创作这张海报之初，立意就是表达人们的日常生活，冰雪运动就在我们身边。奥运会除了专业运动员的竞技比拼外，也有普及大

图8-34 《一起来吧！JOIN US JOIN IN》
孙亚飞

---

❶ 王东：《北京2022年冬奥会和冬残奥会宣传海报发布》，《光明日报》2021年9月23日。
❷ 姬烨：《北京冬奥海报发布》，《新华每日电讯》2021年9月23日。

众运动的意义，我选择表现冰爬犁（冰车）等大众喜闻乐见的冰上游戏，也有推动全民健身、参与冰雪运动的意涵。"❶

《健康中国活力冬奥》画面以三名冰雪运动员为主体，环绕动态飘舞的丝带，以国潮风插画形式呈现雪如意、冰立方、冰丝带等人文建筑场馆元素，丝带交错间融入了天坛和长城等具有高度识别性的地标建筑。冰墩墩和雪容融生动活泼，呼应主体运动人物，充满律动感，描绘出一幅活力生动、纯洁亮丽的冰雪风光，传递出"一起向未来"的时代交响（图8-35）!

孔伟康此次入选作品以《传统中国年传奇冬奥梦》为题目，海报整体以传统春节中的书法与洒金对联为背景，书法的笔画被设计成为冬奥项目在冰面或雪地上的痕迹，将冬奥比赛的激情与梦想同书法这一中华优秀传统文化的独特魅力完美融合（图8-36）。

图8-35 《健康中国活力冬奥》
赵璐、张阳等

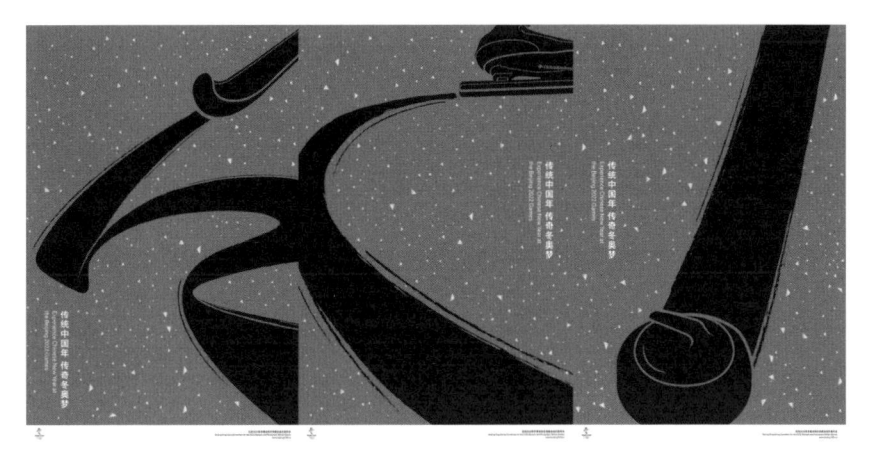

图8-36 《传统中国年传奇冬奥梦》 孔伟康

《激情冰雪，点燃心火》是以冬奥文化元素为主，结合插画设计形式进行的海报设计创作，其中包含冬奥会与冬残奥会吉祥物、奥会火炬、灯笼等中国传统元素，意在祝福中国人民在洁白的雪花、运动的激情中迎接春节。冰墩墩手掌心的心

---

❶ 孙亚飞：《"以小见大"——冬奥宣传海报设计谈》，《美术观察》2022年第3期。

形图案，代表着主办国对全世界朋友的热情欢迎。海报采用了红蓝配色，红色代表着冬奥会的火焰与运动员们的激情，蓝色则象征着冬日冰雪的纯洁（图8-37）。

图8-37 《激情冰雪，点燃心火》 柳懿芸

综上，宣传性主题设计具有增强文本的交互性、内容的易读性、视觉的审美性等独特优势，为受众理解和学习相关信息知识提供了更加便捷的渠道。从2022年北京冬奥会海报设计可以看出，海报设计可以使专业概念形象化，使复杂的主题内涵简单化，抽象的概念具体化，省略掉多余的信息和不必要的文字叙述，让读者能够迅速理解、快速接收信息并引导受众深入阅读和思考，同时让人耳目一新，享受设计审美带给人的视觉体验。因此，大型体育赛事习惯利用海报性的图解设计来宣传赛事相关活动，特别是北京冬奥会之后，我国定下"带动三亿人参与冰雪运动"的目标后，更需要精选宣传类设计作品进行冰雪文化的传播，从而营造冰雪文化的社会氛围。但设计优秀的海报的思路与过程并不轻松，好的海报设计要点往往从以下几个部分进行。

（一）主题突出、氛围热烈

根据创作主题文化属性深度挖掘其所蕴含的思想内涵，并进行生动表达，同时运用夸张、比喻、拟人等手法提升主题的趣味性、生动性、审美性，要确保设计主题与信息传递的准确性紧密关联，满足受众的视觉需求。主题表现则需要"视觉元素"来烘托主题特征，结合体育赛事项目特点，用概括、夸张、特写等表达手法营造出特点鲜明、写实生动的氛围场景并符合体育运动的激烈性与竞赛感。在介绍体育赛事基本信息如举办地、时间、场馆、举办地域文化等内容时，尤其要展现海报设计的艺术审美性，追求设计艺术效果，坚持形式风格多样，运用艺术化的视觉设计规律，如色彩、构图、造型、艺术风格等，用美的方式传达信息，但艺术风格要与主题氛围相契合，展现体育运动独特的魅力。

（二）信息准确、通俗易懂

由于赛事宣传设计面向大众，不同社会层次的人群都是传播者和接受者，要充分考虑到受众的接受能力，强调信息表现的精准性。体育赛事项目众多，不同项目相互交叉、关联，必须呈现出图解阅读的整体感和系统性，站在读者的角度，考虑观者的心理和行为特征。如冬奥会海报设计要依据冬奥项目信息的内容属性进行限定取舍、去繁就简，凸显项目基本常识，要筛选信息、提取重点并进行整合，让读者便捷地找到最关心的知识点，使观者能够在最短的时间内接受并吸收相关赛事信息。

要注重情感化设计，尽可能与观者形成情感上的共鸣，进而激发他们的阅读兴趣，注重海报设计故事场景带入，根据情感化设计原则，在图解设计的开头选择令人愉悦、轻松的信息可以更加吸引读者阅读兴趣，设计要理解读者的视角，不断变换观察角度，寻找最好的构图视角。生活化场景的呈现可以增强图解设计的叙事性，标志性的文化符号可以增强人们的认同感。因此，冰雪运动图解设计要站在读者角度思考，选择大众易于理解、阅读和认同的角度或元素进行视觉呈现，设计作品使观者有身临其境之感，有效提升读者的参与感和阅读兴趣。要逻辑清晰，层次分明，充满活力的视觉阅读模式能快速引起读者注意，并使其产生继续阅读的动力。

当前，国内大众对冰雪运动的了解相对比较浅显，冰雪知识的系统性、复杂性降低了其吸引力和传播力。海报设计的本质是将复杂信息图形化，直观简单地呈现，有效提升复杂信息的传播效率。

（三）特色鲜明、文化深厚

海报等平面设计需要根据不同的主题内容，结合地域特色文化，创作出特色鲜明的艺术形式，并能阐释出深厚的地域文化底蕴。首先需要从文化视角建构地域文化与设计的关系，提出将地域文化融入产品设计的思路。传统地域文化元素是植根于地域土壤之中经过漫长历史文化变迁而形成的独特价值观念和思维方式，并能对地域人群有着潜移默化的影响，是展现地域文化认同和世界文化多样性的重要文化来源。冬奥会主题平面设计体现了举办国与举办地独具匠心的创意设计、理念与文化背景。以体育图标为例，历届奥运会的体育图标是对体育项目的图形化诠释。中国是历史悠久的文明古国，中国的传统元素题材广泛，内容丰富，形式多样，有许多我们可以借鉴的文化精髓。2022年北京冬奥会和冬残奥会体育图标大量借鉴了中国传统元素，体现了中华优秀传统文化深厚的历史文化底蕴，具有鲜明的地域性和民族性。它们将中国传统文化与冬季运动特色相结合，设计风格及样貌凝聚了中华民族几千年的智慧和精华，也体现出了中华民族所特有的审美情趣。

中央美术学院信息设计学部设计的2022年北京冬奥会视觉形象，体育项目标识运用剪纸的表现形式，将人物造型生动形象化并呈出几何状，内部用吉祥纹样、花卉、古钱币等装饰，颜色运用独特的蔚县剪纸色彩，背景使用冰雪主题的蓝色。作品寓意象征着吉祥、顺利，彰显冬奥会冰雪文化与民族文化、地域文化的融合（图8-38、图8-39）。

第八章　美术与设计作品中的冰雪文化　159

自由式滑雪 坡面障碍技巧 Freeski Slopestyle	自由式滑雪 U型场地技巧 Freeski Halfpipe	自由式滑雪 大跳台 Freeski Big Air	单板滑雪 平行大回转 Snowboard Parallel Giant Slalom
单板滑雪 障碍追逐 Snowboard Cross	单板滑雪 坡面障碍技巧 Snowboard Slopestyle	单板滑雪 U型场地技巧 Snowboard Halfpipe	单板滑雪 大跳台 Snowboard Big Air
雪车 Bobsleigh	钢架雪车 Skeleton	雪橇 Luge	冬季两项 Biathlon

图8-38　《2022年北京冬奥会体育图标》　中央美术学院设计团队

残奥高山滑雪 Para Alpine Skiing	残奥冬季两项 Para Biathlon	残奥越野滑雪 Para Cross-Country Skiing
残奥单板滑雪 Para Snowboard	残奥冰球 Para Ice Hockey	轮椅冰壶 Wheelchair Curling

图8-39　《2022年北京冬残奥会体育图标》　中央美术学院设计团队

　　北京冬奥会和冬残奥会体育图标共30个，包括24个北京冬奥会体育图标和6个北京冬残奥会体育图标。此次图标设计以中国汉字为灵感来源，以篆刻艺术为主要呈现形式，将冬季运动元素与中国传统文化巧妙结合，既展现出冬季运动挑战自我、追求卓越的特点，也体现了中国传统文化的厚重与精深，彰显了北京冬奥会和冬残奥会的理念和愿景。图标以霞光红为底色，寓意日出东方，代表着热情和希望，也为即将在春节期间举行的北京冬奥会烘托出喜庆气氛❶。

2022年北京冬奥会海报和体育图标设计将奥林匹克思想和行为统一起来，形成一个整体，将奥林匹克运动抽象的含义转变成可视的形象，使人们更加明确奥林匹克运动的发展目标和象征的文化内涵，有利于人们认识和积极参与冰雪运动。它们以科普内容为主且贴近社会热点，打造出适合受众阅读观看的科普性内容，以求获得持续的注意力。在此设计过程中，艺术家们积极吸纳优秀传统文化，结合创作主题，并将其充分融入冰雪文化传播的过程中，促进"冰雪＋民俗""冰雪＋文化""传统＋现代""国内＋国外"等特色的融合，加强人文关怀，形成非常重要的冰雪文化传播媒介。

事实上，将传统文化元素与奥运理念、体育精神相融合才是文化视觉符号建构的关键，因此，要注意提炼主题内容，坚持特色鲜明，融合文化元素，建构符号体系，追求深厚文化的挖掘与表现，再通过视觉文本叙事手段让内容和形式相统一，引导观众解读冰雪文化的视觉文本符号，从而达到良好的传播效果。

五、小结

冬奥会是体育运动和体育文化发展的重要载体，是一种特殊的人类文化活动形式，具有传播冰雪文化、弘扬民族文化、传递奥运精神和人文理念的功能。任何一种视觉符号的传播都依赖于传播媒介，冰雪文化宣传也不例外。通过梳理分析美术与设计作品中冰雪文化的特征功能，阐释作品中的冰雪文化内涵，我们可以发现美术与设计在传播奥林匹克精神与冰雪文化、构建和谐社会关系、弘扬中华优秀传统文化、树立中华文化自信和中华民族自信等方面所独有的社会功能，其价值意义远超文字语言表面所传递的内容。

美术与设计中的冰雪文化反映了艺术文化与冰雪文化之间紧密的互动互融关系，艺术独特的文化特征可以深刻阐释冰雪文化的精神内涵，传播冰雪文化相关知识，同时冰雪文化也丰富了艺术的内容体系，探索出艺术表现的更多可能性，这在

---

❶ 中央美术学院设计学院：《北京2022年冬奥会和冬残奥会体育图标发布中央美院助力"双奥之城"》2021年1月6日。

快速发展的现代环境下无疑为两者各自的发展提供了新的路径。当前数字技术、互联网技术正在飞速发展，传播环境也发生了巨大变化，多元性、开放性的文化语境为冰雪文化传播发展提供了更多的、新的路径选择，也为冰雪文化的视觉文化建构提供了新视角，在现实与虚拟社会的传播图景中，冰雪文化主题的美术与设计视觉符号可以加深受众对冰雪文化主题的了解，将其精准传达给受众，通过互动的传播策略也有助于开辟视觉符号建构和表达的新路径。提供传统单一艺术所无法比拟的多维度感官体验，通过视觉、听觉、触觉等多种人体感官方式创造出多样丰富的艺术作品，从而吸引大众对冰雪文化的持续关注和参与。

重点提出的是，剪纸和农民画是中华优秀传统文化符号的象征，它们以抽象的符号阐释背后隐藏的内容和文化内涵，将民族文化与现代国际形势融为一体，独特的创意表现形式使所创作的冰雪文化极具中国意蕴和国际化的审美特征，符形与符义彼此相互交融，形成独特的双向符号空间❶。其在视觉上也体现出民族色彩和地域文化，更好地传播了举办国和举办地独特的审美趣味和审美价值。

当前，由官方制作的北京冬奥系列宣传媒介成为国外观众了解中国、了解北京冬奥会的一种方式，通过宣传海报、宣传视频等媒体形式，中国与世界进行沟通、交流，向世界展现本土文化，传递着中国的民族历史文化观和审美价值取向，拓展了传统文化内涵的时代演进。从而构建出阳光、富强、开放、充满希望的国家形象。而由民间画家组织或画家个体自主参与的相关冬奥会主题艺术创作活动则展现了这一群体的强烈文化自觉，推动中华优秀传统文化创造性转化、创新性发展的典型案例。承载了地域性、时代性、文化性的视觉符号，是多元化设计的融合，也体现了当地人民对美好生活的追求和向往。第一，冰雪文化主题民间美术可以盘活民间非物质文化遗产资源，激发乡村文化发展活力；第二，促进非物质文化遗产实现更广泛的传承、传播和生产；第三，创造出更多民众喜闻乐见的文化产品，满足人民群众日益增长的精神文化需求；第四，可以培育民族性格、丰富民族情感、增强民族凝聚力，为实现中华民族伟大复兴的中国梦提供重要的精神支撑。

---

❶ 张蕊、王瑾：《北京2022年冬奥会文化符号设计与传播价值研究》，《包装工程》2022年第10期。

结　语

冰雪文化具有民族性、区域性、历史性、民俗性和实用性的特点，在历史的演变过程中分别经历了冰雪民俗文化、竞技冰雪文化和大众冰雪文化的发展历程。在此过程中，艺术一直扮演着重要的角色，即通过艺术文化的形象建构和文化传播实践，实现对内引导民众形成共识，对外塑造国家形象、传播国家正能量的文化功能。但由于冰雪文化更多地关注于民俗生活及竞技赛事，致使艺术在冰雪文化中的独特价值被忽略。

冰雪文化由冰雪物质文化、冰雪精神文化、冰雪制度文化三方面组成。本书旨在从艺术文化视角审视冰雪多元文化生成与发展的规律及文化特征，从而实现体育、文化和艺术三方面的完美融合，促进冰雪文化更深层次的研究与发展。由于冰雪文化内容丰富、涵盖范围广泛，所以，本书的冰雪艺术更多地倾向于体育赛事相关的艺术文化分析及阐释，尤其是冬奥会及冬运会相关体育赛事的会徽、场馆、吉祥物等文化符号的意义和功能的深入讨论。如冰雪文化中所蕴含的文化意涵，涉及的内容包括体育、建筑、民俗、服饰、旅游、交通、文化展览、文化教育等。

一方面，通过艺术性的文化表达在展示运动员个人魅力和向世人弘扬了"相互理解、友谊长久、团结一致和公平竞争"的奥林匹克精神的同时，也有助于促进举办地社会发展，并将冬奥会体育赛事举办地的冰雪文化理念传播到世界各地，让全世界都认同其所承载的文化，促进世界冰雪文化交融。更重要的是，冰雪赛事的艺术文化表达与传播还可以增强冰雪运动凝聚力和影响力、构建良好国家形象，提升国家冰雪文化软实力。另一方面，冬奥会等体育赛事还可以催生冰雪艺术作品的创作，塑造良好的冰雪文化氛围，如2022年北京冬奥会举办之际，全国各地会以冰雪为题材举办不同形式、不同类型的冰雪文化作品比赛，如以冰雪为题材的书法、绘画和美术摄影作品，以冰雪为题材的文学作品、影视作品、音乐舞蹈作品等，为冰雪文化的传播传承增添活力，如此，可以凸显出艺术在冰雪文化中的重要作用。

冰雪艺术的创造过程本身就是一种特殊的审美活动，反映艺术家对冰雪体育赛事文化的理解及社会发展特色文化的需求，蕴涵着艺术家的审美观念、审美情趣、审美理想和大众对冰雪文化的理解。经过多年发展，冰雪艺术自身已经形成独特的文化结构与形态内容。艺术家按照艺术审美的规律来构建积极的体育赛事的形象，使冰雪运动具有更广泛的社会参与程度和更强的生命力。

以冬奥会为主题的冰雪艺术承载了奥林匹克精神，体现了举办地的地域文化特征，可以推动城市社会发展，提高国家声望，凝聚民族精神，树立文化自信。如2022年北京冬奥会方面的美术、农民画、设计海报等美术与设计作品可以从多方面、多维度反映中国的政治、经济和文化，让国内民众和世界人民更加直观地认识到中国文化内涵并积极参与文艺创作。换言之，冰雪艺术作为一种跨地域、跨文化的文化媒介，借助独特的文化形式建立社会大众对冰雪文化的基础认知，通过历史性的文化传承和共时性的横向发展，促进不同国家间的文化合作，以艺术的形式展示交流。可以说，冬奥会作为国际性的大型体育文化赛事，为全球性的冰雪文化合作发展提供了广阔空间，通过艺术形式的文化传播，将进一步推动冰雪文化的发展与传播。2022年北京冬奥会期间，艺术形式的文化传播深刻阐述了中国是人类命运共同体的倡导者、建设者和维护者，讲好中国故事、丰富话语体系、展现文化自信、多渠道传播中国友善、伟大形象，凸显中国国家形象的精神本质和文化内涵。

冰雪艺术作为文化的重要载体，其本质是艺术家根据冰雪文化的整体性客观感受，依据艺术手段创作的艺术文化形式，并引起我们的精神愉悦，从而给人以文化思考及艺术审美体验。冰雪艺术以独具魅力的文化形式成为冰雪运动的重要组成部分和载体，使其能够最为广泛地贴近生活并与民众产生情感共鸣，它具有复合性的艺术表现能力和持续的生命张力，使其自身所体现的价值观念得到培育与传播。所以，冰雪艺术的起源不是一种理性知识的构建，它是一个区域人民精神意识和自然的创作。

冰雪艺术在冬奥会或冬运会等体育赛事期间建构起的社会文化认同是检验冰雪文化活动是否成功的软性指标。我国有着悠久的历史和厚重的民族特色，以及冰雪物质文化和冰雪精神文化。通过举办2022年北京冬奥会，中国的冰雪运动、冰雪产业、冰雪文化、冰雪艺术迎来了前所未有的发展新机遇。冰雪产业及冰雪艺术有了长足的发展。新疆等拥有冰雪资源的地区都重视冰雪文化内涵挖掘和文化融合，使其既保留地域本源性，又符合时代发展，适应更广泛区域受众需求的新型文化，去达成更高层面和更广泛区域的文化共识，以更加开放、包容和富有内涵的冰雪艺术文化，推动冰雪艺术更快更好地发展。

从人类学角度看，美术与设计文化是在整体性的文化视野上洞悉和表达当前的复杂社会。强调跨地域、跨民族、跨文化的人与物、人与社会层面之间相互交叉的文化互动与整合。冬奥会交流平台的搭建为冰雪艺术的多元文化表达与互动提供了良好的建构平台，进一步丰富了冰雪文化的意义层次与空间，还为现实的国家形象建构、国家间共同发展，倡导人类命运共同体意识提供了价值参考与引导。冰雪艺术作为一种多元文化符号,当艺术与冰雪、冬奥融合,各种艺术形式的"冰雪故事"便成为承载冬奥历史、促进冬奥文化繁荣、构建冬奥历史记忆的重要载体,通过学理性分析研究,我们可以进一步窥见冰雪文化发展为学术研究提供的广阔空间,从而实现冰雪文化发展与学术研究的紧密互动关系。

总而言之,冬奥会主题性美术创作与国家形象建构之间具有紧密的内在关联,反映了艺术与冰雪文化之间紧密的互动互融关系,对于拓展冰雪文化发展提供了新的意义空间和发展路径的可能性。大力发展冰雪艺术,可以更好地发挥北京冬奥会的资源优势,形成良好冰雪文化氛围,对于我国发展冰雪文化竞技,打造国家冰雪运动文化品牌,提升冰雪文化软实力,建设体育强国具有积极的理论价值和现实意义。

参考文献

[1] 艾莉森·J.克拉克.设计人类学：转型中的物品文化[M].馨月,译.北京：北京大学出版社,2021.

[2] 克洛德·列维-斯特劳斯.结构人类学[M].张祖建,译.北京：中国人民大学出版社,2006.

[3] 列维-斯特劳斯.面具之道[M].张祖建,译.北京：中国人民大学出版社,2013.

[4] 克里斯汀·米勒.设计学+人类学：人类学和设计学的汇聚之路[M].肖红,郁思腾,译.北京：中国轻工业出版社,2021.

[5] 王受之.世界当代艺术史[M].北京：中国青年出版社,2002.

[6] 王受之.世界平面设计史[M].北京：中国青年出版社,2018.

[7] 王受之.世界现代设计史[M].北京：中国青年出版社,2015.

[8] 寒川恒夫.社会变迁与体育人类学的应对[M].仇军,译.桂林：广西师范大学出版社,2015.

[9] 贡布里希.艺术发展史[M].范景中,林夕,译.天津：天津人民美术出版社,2001.

[10] 温迪·冈恩,托恩·奥托,蕾切尔·夏洛特·史密斯.设计人类学：理论与实践[M].李敏敏,罗媛,译.北京：中国轻工业出版社,2021.

[11] 耿学超,北京奥组委新闻宣传部,北京市教育委员会.北京2008奥林匹克教育研讨会优秀论文集[M].北京：北京出版社,2006.

[12] 仇军.西方体育社会学：理论、视点、方法[M].北京：清华大学出版社,2010.

[13] 第29届奥林匹克运动会组织委员会.奥运会媒体运行[M].北京：中国传媒大学出版社,2007.

[14] 高等学校新世纪体育教材编写委员会组.新世纪体育 冰雪运动[M].北京：高等教育出版社,2006.

[15] 高毅存.奥运会城市的场馆规划与设计[M].北京：中国建筑工业出版社,2003.

[16] 格吉诺夫·瓦西尔.奥运会的起源与发展 解读奥林匹克运动会[M].北京：北京体育大学出版社,2008.

[17] 国际皮埃尔·德·顾拜旦委员会.奥林匹克主义：顾拜旦文选[M].刘汉全,邹丽,译.北京：人民体育出版社,2008.

[18] 贺幸辉.视觉媒介、奥运仪式与文化认同[M].北京：北京体育大学出版社,2018.

[19] 胡小明,陈华.体育人类学[M].北京：高等教育出版社,2005.

[20] 崔乐泉.奥林匹克运动与文化艺术[M].北京：大众文艺出版社,2000.

[21] 李鸿祥.视觉文化研究：当代视觉文化与中国传统审美文化[M].上海：东方出版中

心，2005.
- [22] 刘佳．工业产品设计与人类学［M］．北京：中国轻工业出版社，2007.
- [23] 刘明．通往文化传播之路［M］．北京：知识产权出版社，2019.
- [24] 刘明，刘洋，陈昭．通往学术传承之路［M］．北京：学苑出版社，2020.
- [25] 刘明，郭世杰，方静文．通往学术志业之路［M］．北京：学苑出版社，2021.
- [26] 刘明，王倩，陈靖．通往民心相通之路［M］．北京：学苑出版社，2023.
- [27] 刘明，刘丹航，高良敏．微言大义：语言人类学理论与实践［M］．北京：学苑出版社，2024.
- [28] 吕明月．当设计遭遇人类学——人类学介入设计领域的结合途径研究［C］// 2015中国艺术人类学国际学术研讨会论文集（上）．北京：中国文联出版社，2015.
- [29] 欧阳超英．标志创意设计教程［M］．北京：北京大学出版社，2010.
- [30] 王金媛．北京奥运会国家形象传播的修辞学视角［M］．2009年北京大学修辞传播学前沿论坛论文集，2009.
- [31] 王军．奥林匹克视觉形象的历史研究［M］．北京：北京体育大学出版社，2004.
- [32] 王青海．冰雪文化学［M］．哈尔滨：黑龙江人民出版社，2011.
- [33] 王仁周，朱志强．冬季奥林匹克运动：1924—2022［M］．北京：人民体育出版社，2005.
- [34] 王淑芹．平面设计史：美学研究的视角［M］．上海：上海交通大学出版社，2018.
- [35] 吴献举．国家形象跨文化生成与建构研究［M］．武汉：华中科技大学出版社，2020.
- [36] 阎评．标志与吉祥物设计实验教程［M］．中国人民大学出版社，2020.
- [37] 中华冰雪文化研究团队．中华冰雪文化图典［M］．北京：学苑出版社，2022.
- [38] 周继厚．中外体育徽章图志［M］．济南：山东画报出版社，2017.
- [39] 北京冬奥会的献礼：黄建南油画《冬奥之花》赏析［J］．信息安全研究，2022，8（1）：110.
- [40] 视觉ME．北京获2022年冬奥会举办权！深度解析申奥标志背后的故事［J］．工业设计，2015（8）：28-29.
- [41] 新华社．冰雪晶莹 点亮梦想——北京冬奥会、冬残奥会吉祥物诞生记［J］．工会博览，2019（29）：39-41.
- [42] 广州美术学院．冬奥会吉祥物"冰墩墩"设计——广州美术学院创作团队完成［J］．工业设计，2022（2）：16.
- [43] 中央美术学院．冬奥会开幕式主席台空间设计——中央美院师生团队完成［J］．工业设计，2022（2）：13.
- [44] 中央美术学院．冬奥会与冬残奥会奖牌设计——中央美院杭海教授团队完成［J］．工业设计，2022（2）：12.
- [45] 清华大学美术学院．揭秘2022北京冬奥会火炬台设计——清华大学美术学院马赛教授团队完成［J］．工业设计，2022（2）：8-9.
- [46] 常晓铭，刘卫国．”一带一路"背景下北京冬奥会推动我国冰雪旅游产业融合发展研究［J］．北京体育大学学报，2020，43（7）：86-96.

[47] 陈华. 中国国家形象建构的反思与调适[J]. 对外传播, 2018（5）：50-52.

[48] 陈欢. 中国形象研究综述——基于历史与现实维度的分析[J]. 湖北师范大学学报（哲学社会科学版）, 2019, 39（3）：5.

[49] 陈佳珠, 罗彬. 媒介仪式视域下的国家形象建构——以2020年东京奥运会相关报道为例[J]. 传播与版权, 2022（3）：85-87.

[50] 陈楠. 自媒体在里约奥运会中的传播新貌与中国国家形象建构——以新浪微博和Facebook为例[J]. 新媒体研究, 2017, 3（11）：2.

[51] 陈祥慧, 杨小明, 张保华, 等. 我国冰雪运动的历史演进及发展趋向[J]. 体育学刊, 2021, 28（4）：28-34.

[52] 陈志生, 蔡文菊. 国际关系建构背景下中国体育参与公共外交的发展战略研究[J]. 北京体育大学学报, 2014（3）：6-13.

[53] 呈子瑜, 曹雪. 冬奥会吉祥物的设计探讨：以北京冬奥会吉祥物"冰墩墩"为例[J]. 美术学报, 2020（3）：18-23.

[54] 仇军. 体育人类学研究中科学精神与人文精神的融合[J]. 北京体育大学学报, 2012, 35（10）：10-13.

[55] 初晓, 梅洪元, 费腾. 第十三届冬运会冰上运动中心[J]. 城市建筑, 2016（28）：58-67.

[56] 崔乐泉, 张红霞. 从传统冰雪到冬奥文化：跨越时空的文化对话[J]. 体育学研究, 2019, 2（1）：7-16.

[57] 杜高山, 王欢. 体育人类学的审美之维[J]. 体育学研究, 2019, 2（3）：90-94.

[58] 范红, 周鑫慈. 奥运会对国家形象的建构逻辑与整合策略——对北京2022年冬奥会国际传播的新思考[J]. 对外传播, 2021（11）：5.

[59] 范恺, 郭英俊, 朱邱晗. 北京冬奥会国家认同建构的效应与路径研究[J]. 体育与科学, 2021, 42（6）：12-16.

[60] 范可. 体育人类学——何以可能何以可为[J]. 广州体育学院学院, 2020, 40（1）：1-8.

[61] 范可. 现代体育运动的兴起与若干相关社会理论[J]. 西北民族研究, 2022（6）：68-82.

[62] 费郁红, 刘红霞. 北京奥运报道与中国国家形象的建构与传播[J]. 沈阳体育学院学报, 2009, 28（6）：40-43.

[63] 冯烽. 北京冬奥会背景下中国冰雪经济高质量发展的推进策略[J]. 当代经济管理, 2022, 44（3）：41-47.

[64] 冯正斌, 郭钺. 基于Citespace的中国国家形象研究[J]. 技术与创新管理, 2020（5）：516-526.

[65] 耿涵. 从民族志到设计人类学——设计学与人类学的偕同向度[J]. 南京艺术学院学报（美术与设计版）, 2017（2）：17-22.

[66] 龚慧敏, 何元春. 基于"民族-国家"形象建构视域下的体育强国建设[J]. 体育科学

研究，2018，22（5）：25-30.

[67] 谷鹏飞. 理性与浪漫的交织——北京奥林匹克公园的建筑设计美学思想[J]. 高等建筑教育，2006，15（2）：1-8.

[68] 关晓辉. 设计人类学的视野和实践[J]. 艺术探索，2019，33（3）：125-128.

[69] 郭世杰，刘明. 基于自然主义视角下的水彩艺术思考[J]. 美术大观，2021（3）：93-95.

[70] 郭世杰，刘明. 民间美术教育人类学研究——以蔚县剪纸为例[J]. 民族教育研究，2021，36（6）：137-145.

[71] 郭世杰，刘明. 党史题材美术创作的文化自觉[J]. 新疆艺术（汉文），2022（6）：21-31.

[72] 郭世杰，刘明，刘洋. 乡村振兴与文化传承——以农民画与乡村教育为例[J]. 民族教育研究，2022，33（6）：126-134.

[73] 郭世杰，吕彦君. 阐释人类学视域下绘画艺术的文化意义探究[J]. 成都师范学院学报，2021，37（11）：94-99.

[74] 侯晶晶. 新中国成立以来国家形象建构的历史嬗变及其启示[J]. 开封大学学报，2021，35（1）：1-4.

[75] 胡小明. 体育人类学方法论[J]. 体育科学，2013，33（11）：3-16.

[76] 胡雨梦. 北京冬奥会视觉设计表达与中华文化传播表现研究[J]. 中国包装，2023，43（6）：111-114.

[77] 郇昌店，肖林鹏. 体育中国——建构中国体育国家形象的研究[J]. 第九届全国体育科学大会论文摘要汇编（2），2022.

[78] 黄河，李政，杨小涵. 西方媒体奥运报道的议程网络特征及北京冬奥会传播对策——基于近6届奥运会新闻报道的语义网络分析[J]. 上海体育学院学报，2021，45（5）：10-20.

[79] 黄莉，万晓红，陈蔚，等. 北京冬奥会期间中国国家形象的塑造研究[J]. 武汉体育学院学报，2021，55（5）：5-11.

[80] 吉爱明. "主题性"美术与国家形象的视觉建构[J]. 南京艺术学院学报，2020（4）：198-201.

[81] 贾文山，刘长宇. 从中国国际话语体系建设的三个维度建构"全球中国"话语体系[J]. 西安交通大学学报：社会科学版，2020，40（5）：10.

[82] 姜可雨. 建构主义视域下"国家形象"的概念辨析[J]. 湖北社会科学，2016（5）：27-34.

[83] 焦新平，曾祥娟，赵敏. 从文化软实力和国家形象建构看国际体育比赛的新闻传播[J]. 科技传播，2014（5）：3.

[84] 李丹平. 承办体育盛会对齐齐哈尔城市发展的启示[J]. 理论观察，2008（3）：18-19.

[85] 李清华. 设计人类学学科基础与研究范式[J]. 中央民族大学学报，2018（2）：38-45.

[86] 李欣. 体育人类学的学科基础及其特质[J]. 云南师范大学学报，2017（3）：144-149.

[87] 李岫儒，柴娇．冰雪体育文化传播的意义及路径［J］．体育文化导刊，2019（8）：43-47，53．

[88] 李在军．冰雪产业与旅游产业融合发展的动力机制与实现路径探析［J］．中国体育科技，2019，55（7）：56-62，80．

[89] 李智．本质主义与建构主义：国家形象研究的方法论反思［J］．新视野，2015（6）：124-128．

[90] 梁龙．助力冬奥会 北服有担当［J］．中国纺织，2018（6）：112．

[91] 林素絮，黄元骋．冰雪运动产业技术创新与商业模式创新融合研究［J］．广州体育学院学报，2020，40（2）：20-23．

[92] 刘建英．以北京奥运会报道为契机建构和传播国家形象［J］．东南传播，2008（6）：19-20．

[93] 刘兰，王兵．冰雪运动文化的特征解析与发展策略［J］．河北体育学院学报，2019，23（2）：9-13．

[94] 刘明．艺术学的本真性和超越性——杨晓康绘画创作解析［J］．新疆艺术（汉文版），2021（2）：63-67．

[95] 刘明．艺术学的想象力与洞察力——以吴小虎帕米尔写生作品（2018—2019）为考察线索［J］．世界美术，2021（4）：25-28．

[96] 刘明，郭世杰．文化润疆与乡村文明建设［J］．实事求是，2022（1）：94-103．

[97] 刘明，郭世杰．文化润疆与美好新疆［J］．实事求是，2022（5）：106-112．

[98] 刘平云．民族性与世界性——论北京冬奥会吉祥物的时代特征［J］．美术观察，2020（5）：74-75．

[99] 刘洋．少数民族地区运动员体教结合研究［J］．体育文化导刊，2011（12）：121-123．

[100] 刘义昆，杨兆祥．面向新时代的国家形象研究：现状、不足与展望［J］．中国出版，2017（22）：3-8．

[101] 卢德文，辛亚冰．以冬奥会为契机推动黑龙江省高校冰雪文化建设［J］．中国培训，2019（2）：2．

[102] 罗坤瑾，邱询旻．从西方媒体对奥运的报道看国家形象的建构——以《参考消息》中315篇报道为分析对象［J］．社科纵横，2009（10）：3．

[103] 罗坤瑾，许嘉馨．国际性共同媒介仪式：体育精神与国家形象的建构［J］．现代传播（中国传媒大学学报），2022，44（1）：82-90．

[104] 马立明，黄泽敏．中国国家形象建构的逻辑演变及其深层原因——以2022年北京冬奥会开幕式为例［J］．对外传播，2022（3）：26-30．

[105] 马奕昆，孙同宝．可持续发展及本土化设计理念在冬奥会建筑设计中的运用［J］．房地产世界，2022（1）：74-76．

[106] 孟庆辉．论体育传播过程中对于国家形象的塑造与建构［J］．才智，2017（16）：177-179．

[107] 倪京帅，张业安．体育传播建构国家形象的控制模式及路径探析——基于系统控制论

的视角[J]. 沈阳体育学院学报, 2017, 36 (1): 54-58, 65.

[108] 潘天舒, 何潇. 人类学视角中的竞技体育: 基于民族志洞见的启示与思考[J]. 成都体育学院学报, 2020, 46 (4): 7.

[109] 齐晓英, 郇昌店, 肖林鹏. 基于体育视角建构中国国家形象的研究[J]. 沈阳体育学院学报, 2013, 32 (1): 12-17.

[110] "冰雪胜杯 筑梦冬奥", 冬奥会标志性景观建筑"海陀塔"设计——清华大学美术学院杜异教授团队完成[J]. 工业设计, 2022 (2): 10.

[111] 琼·丹尼森, 陆思培. 情境中的平面设计人类学[J]. 西南民族大学学报 (人文社科版), 2016, 37 (8): 1-9.

[112] 石晶. 审美视域下第22届冬奥会吉祥物设计的衍变及启示[J]. 冰雪运动, 2013, 35 (3): 45-49.

[113] 史安斌, 张耀钟. 新中国形象的再建构: 70年对外传播理论和实践的创新路径[J]. 全球传媒学刊, 2019, 6 (2): 26-38.

[114] 孙虹, 刘姝. 冬奥背景下地方高校蔚县剪纸教学的探究[J]. 美术教育研究, 2020 (4): 169-170.

[115] 孙亚飞. "以小见大"——冬奥宣传海报设计谈[J]. 美术观察, 2022 (3): 158-159.

[116] 孙振虎, 欧阳赵岚. 观念认同与文化交流: 北京冬奥会对外传播的新思路[J]. 对外传播, 2021 (11): 14-17.

[117] 谭清芳. 体育文化传播与国家形象构建[J]. 武汉体育学院学报, 2014, 48 (2): 17-20, 50.

[118] 唐磊. 向世界展示真实、立体、全面的中国——中国国际形象构建的理论与策略[J]. 人民论坛, 2021 (31): 22-25.

[119] 唐小茹. 略论奥运报道与国家形象建构[J]. 采·写·编, 2008 (9): 13-14.

[120] 唐云松, 陈德明. "一带一路"冰雪运动文化交流价值与推进路径[J]. 体育文化导刊, 2022 (3): 14-19.

[121] 田郁川, 邬佳琦. 基于符号学的冬奥会吉祥物设计解析[J]. 美术教育研究, 2021 (20): 80-85.

[122] 田旭东. 点燃冰雪激情 绽放中国梦想[J]. 实践 (党的教育版), 2019 (11): 36-37.

[123] 涂光晋, 宫贺. 北京奥运与国家形象传播中的议程建构[J]. 中国广播电视学刊, 2008 (7): 5-7.

[124] 万千个, 林存真. 多重语境下的符号构建——冬奥会吉祥物冰墩墩设计实践研究[J]. 艺术设计研究, 2021 (3): 68-72.

[125] 王朝军, 柴华. 第11届全国冬季运动会对齐齐哈尔市发展的影响[J]. 哈尔滨体育学院学报, 2008, 26 (6): 99-101.

[126] 王诚民, 郭晗, 姜雨. 申办冬奥对我国冰雪运动发展的影响[J]. 体育文化导刊, 2014 (11): 4.

[127] 王大平. 试论历届奥林匹克运动会徽标 (上) [J]. 体育文史, 1987 (4): 12.

[128] 王大平. 试论历届奥林匹克运动会徽标（下）[J]. 体育文史，1987（5）：17.

[129] 王晴川，方舒. 北京奥运与建构国家形象的思考[J]. 当代传播，2008（4）：3.

[130] 王润斌，肖丽斌. 中国奥林匹克运动与国家形象建构：历史逻辑与现实关照[J]. 思想战线，2017，43（4）：136-143.

[131] 王文龙，崔佳琦，邢金明. 北京冬奥会：人类命运共同体构建的理念彰显与实践诠释[J]. 北京体育大学学报，2022，45（1）：92-99.

[132] 相德宝，李伊玲. 北京冬奥组委官方推特的网络议程与国家形象建构[J]. 对外传播，2022（3）：46-50.

[133] 徐宇华，林显鹏. 冬季奥运会可持续发展管理研究：国际经验及对我国筹备2022年冬奥会的启示[J]. 北京体育大学学报，2016，39（1）：13-19.

[134] 薛文婷，张麟，胡华. 仪式·意义·认同：北京冬奥会开幕式与中国形象塑造[J]. 中国广播电视学刊，2022（4）：8-12.

[135] 阎评. 大学生运动会吉祥物设计分析[J]. 艺术与设计（理论），2008（10）：72-74.

[136] 杨永斌. 建构主义视角下的国家形象塑造及其对中国的启示[J]. 国家行政学院学报，2009（5）：65-68.

[137] 杨宇菲，张小军. 文化共融：中国近代冰雪大众文化与社会转型[J]. 清华大学学报，2021，36（6）：12-24.

[138] 杨宇菲，张小军. 自我的它/他/她性：中国近代冰雪文化与女性现代性[J]. 中央民族大学学报（哲学社会科学版），2021，48（6）：106-177.

[139] 易剑东，王道杰. 论北京2022年冬奥会的价值和意义[J]. 体育与科学，2016，37（5）：34-40，33.

[140] 殷亮，石晶. 北京冬奥会对我国冰雪文化发展的影响[J]. 冰雪运动，2017（4）：6-8.

[141] 尹少淳，刘晓文. 北京冬奥会吉祥物的儿童趣味[J]. 美术观察，2019（12）：15-17.

[142] 俞丹倩. 仪式观视域下国家形象的建构与塑造——以BBC2012年伦敦奥运会开幕式直播为例[J]. 新闻世界，2013（10）：197-198.

[143] 俞鹏飞，王庆军. 新媒体时代中国冰雪运动文化传播的机遇、困境及路径[J]. 体育学刊，2020，27（1）：19-24.

[144] 张磊，谢军. 2022北京冬奥会背景下冰雪文化传播策略研究[J]. 西安体育学院学报，2021，38（1）：55-62.

[145] 张连涛，朱成. 冬季体育项目发展的世界格局与启示——以冬奥会为例[J]. 冰雪运动，2010，32（5）：33-37.

[146] 张洺贯. 北京2022冬奥会和冬残奥会体育图标篆刻风格创作谈[J]. 山东工艺美术学院学报，2021（3）：45-49.

[147] 张庆武. 危机管理视角下的中国体育文化传播与国家形象建构[J]. 体育与科学，2015，36（2）：81-86.

[148] 张蕊，王瑾. 北京2022年冬奥会文化符号设计与传播价值研究[J]. 包装工程，2022

（10）：190-196.

［149］张瑞林.我国冰雪体育产业商业模式建构与产业结构优化［J］.体育科学，2016，367（5）：18-23，53.

［150］张雯，李志强.守望·分享·共创：北京冬奥会视觉形象内涵解读［J］.美术，2022，649（1）：23-29.

［151］张小军，杨宇菲.近代冰雪文化的民族主义及日常叙事［J］.湖北民族大学学报（哲学社会科学版），2021，39（5）：129-141.

［152］张小军，杨宇菲.民国时期日常生活的冰雪文化与社会转型［J］.原生态民族文化学刊，2021，13（6）：1-14.

［153］张晓晴，梅蕾放.现代奥运会标志设计本土文化意蕴解读［J］.体育与科学，2002，23（3）：22-24.

［154］张玉婷，高治，刘紫骐，等."翩若惊鸿，婉若游龙"——国家雪车雪橇中心设计［J］.建筑学报，2021（Z1）：104-109.

［155］钟新，尹倩芸.可信、可爱、可敬：北京冬奥会中国体育形象的多维建构［J］.对外传播，2021（11）：9-13.

［156］钟新，张超.新时代中国大国形象的四个维度与两种传播路径——基于习近平相关论述的分析［J］.中国人民大学学报，2020，34（3）：34-42.

［157］周海霞.国家形象跨文化建构中的利益和价值观因素——从德国的"奥运-中国"辩论看德国人眼中的中国形象建构［J］.西南农业大学学报（社会科学版），2010（6）117-120.

［158］朱晓楠.奥运话语与国家形象建构——从北京到伦敦［J］.长沙大学学报，2014，28（4）：95-97.

［159］吴春燕，雷爱侠."冰墩墩"是充满智慧和未来感的"冰熊猫"——访北京冬奥会吉祥物"冰墩墩"设计团队负责人曹雪［N］.光明日报，2022-01-25.

［160］姬烨.北京冬奥海报发布［N］.新华每日电讯，2021-09-23.

［161］季芳.北京冬奥会与冬残奥会海报发布［N］.人民日报，2021-09-23.

［162］王东.北京2022年冬奥会和冬残奥会宣传海报发布［N］.光明日报，2021-09-23.

［163］王海磬.第二届全国儿童绘画展开幕300余幅画作迎冬奥［N］.光明日报，2022-01-15.

［164］张向南，王聪娜.描绘冬奥梦 传播冬奥情——我市以多种文艺形式为北京冬奥会助力添彩［N］.衡水日报，2022-01-27.

［165］王珍.冰墩墩顶流诞生记"大设计"将改变中国制造［N］.第一财经日报，2022-02-17.

［166］赵迎新.看与看见：北京冬奥会的摄影观察［N］.中国摄影报，2022-02-25.

［167］刘晶.北京冬奥会里的美术力量［N］.中国美术报，2022-02-28.

［168］廖宇杰，韩芳，王丽莉，等.北京冬奥会摄影运行的幕后故事［N］.中国摄影报，2022-03-04.

[169] 林帆，丁媛媛. 详解专用字体背后的"汉字密码"[N]. 南京日报，2022-03-11.

[170] 董亮. "后冬奥效应"在新疆的集中显现[N]. 新疆日报，2022-12-30.

[171] 董亮. "后冬奥效应"在新疆的集中显现——写在自治区第一届冬季运动会开幕之际[N]. 新疆日报，2022-12-30.

[172] 陈卓. 体育类外事活动中国家形象的建构与传播——以北京申办"2022年冬奥会"陈述会为例[D]. 重庆：重庆大学，2017.

[173] 崔颖. 中国国家形象建构中科技新符号的运用与传播[D]. 北京：北京外国语大学，2021.

[174] 董娅娜. 历届奥运会标志设计风格的研究[D]. 太原：山西大学，2009.

[175] 龚昆. 吉祥物设计的国际化探索研究[D]. 上海：同济大学，2006.

[176] 郭冬丽. 基于体育公共外交的中国国家形象提升策略研究[D]. 长春：东北师范大学，2021.

[177] 胡玉梅. 奥运吉祥物研究[D]. 南京：南京师范大学，2011.

[178] 黄二青. 图像学视域下的冬奥会会徽研究[D]. 芜湖：安徽师范大学，2017.

[179] 雷霆. 重大体育赛事报道对国家形象建构研究——以《人民日报》（1980—2018）"冬奥会"报道为例[D]. 苏州：苏州大学，2019.

[180] 李飞. 论现代奥运会标志设计的历程及其造型特点[D]. 兰州：西北师范大学，2013.

[181] 李鑫. 夏季奥运会标志设计的演进和发展特点的研究[D]. 南昌：江西师范大学，2016.

[182] 刘洪强. 奥运会标志设计的演变及发展趋势的研究[D]. 南昌：江西师范大学，2015.

[183] 刘蕾. 奥运会标志设计研究[D]. 长春：吉林大学，2014.

[184] 马玉亭. 蔚县剪纸在冬奥会平面设计的应用研究[D]. 北京：北京林业大学，2017.

[185] 潘达. 冬奥会吉祥物设计的影响因素研究[D]. 北京：北京体育大学，2018.

[186] 邵梓耕. 2022冬奥会视觉导向信息系统设计研究[D]. 北京：北京林业大学，2019.

[187] 孙愉. 俄罗斯国家形象传播研究——以索契冬奥会为例[D]. 哈尔滨：哈尔滨师范大学，2016.

[188] 谭有进. 平面设计的民族化表现[D]. 北京：中央民族大学，2013.

[189] 王景. 冬奥会纪念品视觉形象设计研究[D]. 唐山：华北理工大学，2018.

[190] 王雪静. 北京申奥片中的我国国家形象对比研究[D]. 保定：河北大学，2016.

[191] 伍垠钢. 体育场馆地域性设计策略研究[D]. 重庆：重庆大学，2013.

[192] 易晓丽. 冬奥会运动项目的信息可视化设计研究——以长野冬奥会和平昌冬奥会为例[D]. 北京：北京林业大学，2019.

[193] 袁翮翾. 国家形象的构建与传播研究——以北京奥运会和伦敦奥运会为例[D]. 武汉：武汉体育学院，2013.

[194] 赵冯冯. 奥运吉祥物与衍生品的设计研究[D]. 济南：齐鲁工业大学，2015.

[195] WASSON C. Design anthropology[J]. General anthropology, 2016, 23(2): 1-11.

[196] Wendy Gunn, Ton Otto, Racgel Charlotte Smith. Design Anthropology. Theory and Practice

[M]. London: Bloomsbury, 2013.
[197] Hugh Bayer, Karen Holtzblatt. Contextual Design: Defining Customer-centered Systems [M]. Los Altos, CA: Moegan Kaufmann, 1997.
[198] Jeanette Blomberg. Ethnographic Field Methods and Their Relation to Design, D. Schuler, A. Namioka. Participatory Design: Principles and Practices. Lawrence Erlbaum Associates, 1993.
[199] L. Suchman. Anthropological Relocations and the Limits of Design[J]. Annual Review of Anthropology, 2011.
[200] Lucy Suchman. Human-Machine Reconfigurations: Plans and Situated Actions[M]. London: Cambridge University Press, 1987.

后　记

　　作为一名人类学者，读者朋友们肯定会疑惑：我为什么会撰写一部与体育相关的学术作品？这与我过往的人生经历和精神情愫是分不开的。

　　热爱体育，无缘运动。小学二年级我在双杠上倒挂金钩将右臂锁骨摔断休学一学期，打石膏伤愈后开始沉迷于乒乓球。每每顶着午间最毒的日头，我在喀什棉纺织厂子校的水泥乒乓球案子上拉着正手弧旋球。三年级跟随班里的同学们一起备战校运会4×100米接力项目，每日晨练，长达月余，最后临上场前我被换下。积极参与各类体育活动的好景不长，五年级时我又罹患过敏性紫癜。据厂医院病史记载，过往四十年仅有三例病患。尽管身体羸弱，但不服输的心志犹在。初二秋季学期体育课要求腹部绕杠，男生只要能翻过就能得90分。为此，每天清晨8点我坐厂班车到二中，提前吊单杠并想尽各种蹬踏助力方法，还借不少同学的推力感受翻腾的置空感。三月余终在考试时，借助脚踏板之力，我顺利翻过低杠并完成杠上动作。那一刻，我感受到了我对体育前所未有的喜悦。

　　冬奥花滑，励志人生。1998年，长野冬奥会恰逢我读高一。自由滑"冰上蝴蝶"陈露以一曲《梁山伯与祝英台》获得铜牌，并成为亚洲第一位蝉联两届冬奥会奖牌的女子单人滑运动员。当时金牌和银牌被塔拉·利平斯基和关颖珊摘得，要知道陈露是在边降体重边养伤的至暗境遇中披荆斩棘取得佳绩的。伴随音乐的跌宕起伏，她将快乐、悲伤、抗争和憧憬各种情绪淋漓尽致地表达完成后，激动得泪流满面并跪倒在冰面久久不起。从那时起，我就暗下决心要将体育精神转化到学习上，开始我人生的第一次勤奋刻苦努力：拼命地背诵全科，成绩也名列前茅。很长一段时间，感觉英语、政治和历史都非常容易记诵，相较于陈露对抗身体上的疼痛和技术上的突破，似乎数学、化学和物理也都变得简单易学。那一段，能感受到体育奋发向上的精神在我的血脉中流淌。

　　奥运女排，奋发图强。2004年，雅典奥运会适逢我本科毕业的暑期。经过两个多小时的艰苦鏖战，女排决赛实现大逆转，中国队在先输两局的不利情况下最终以3∶2力克俄罗斯队，是继1984年洛杉矶奥运会后第二次获得奥运会冠军，完成了中国女排20年的梦想。相信每一位看过现场直播的中国人都难以忘怀。挂着泪痕伴着夜色，我一人骑着自行车到喀什火车站购买慢车硬座的火车票，路上我的心情久久不能平静，一幅幅顽强拼搏的画面不断在脑海中涌现，各种艰难险阻铸就了

"女排精神"。当我还以为自己半夜足够早地来排队买票时,购票队伍已经排出售票厅。那一夜,我攥紧拳头告诫自己一定要顺利地读完研究生,让克服困难、毫不动摇、从容不迫的体育力量激荡自己的人生。之后,每每遇到学习方面的困境,就会回想起中国女排坚持不懈、勇往直前的坚毅眼神。

身体力行,感悟体育。在读硕士学位期间,学校组织运动会。同届的同学帮我报名参加了一万米竞走,谁也没想到400米的赛道要走25圈,参加比赛的时候我们从风和日丽走到了瓢泼大雨,最后走到了天边悬挂彩虹。似是一场体育竞技,又是一场人生修行:不经历风雨,怎么见彩虹。途中我的鞋带开了,但我根本停不下来,因为我知道一旦弯腰系鞋带,可能就无法完成比赛了。那一回,我感受到了专注体育的魅力,仿佛整个世界都安静下来并属于我一人。在读博期间,我时常参与排球运动,直到在一次排球对抗比赛中,我的右脚崴伤,再次打上石膏。拄着拐杖乘着飞机从北京回到乌鲁木齐休养。我痛定思痛,转向了游泳项目。那一次,我知道我终是要远离竞技体育,回归到休闲体育的。

丁酉己亥,体育相随。每一代人都有自己的喜怒哀乐,三年特殊的时光幸好有羽毛球相伴。在与谢佳文、段云海、吴晓峰教练学习掌握规范技术动作的同时,我也广泛与崔海强等各路球友相识、相知、相熟。总想就体育写点什么,也曾就一些选题做过一些尝试。甚至在苏州观看苏迪曼杯决赛时,我精神十分恍惚竟感觉非常之不真实。我之所以这么深入体育学之中,是因为与我志同道合的刘洋博士就体育和文化领域的讨论。适逢2018年挚友刘洋主持国家项目"新疆少数民族体育非物质文化遗产口述史研究",后面几年我跟随他与他的团队先后在伊犁地区(察布查尔锡伯族自治县、新源县、伊宁县)、塔城地区(乌苏市、沙湾市)、阿勒泰地区(富蕴县、福海县、青河县)、喀什地区(巴楚县、岳普湖县、麦盖提县、塔什库尔干塔吉克自治县)等就体育非遗项目展开实地调研,亲身感受到了射箭、姑娘追、赛马、搏克、叼羊、马球、且力西、沙哈尔地、达瓦孜等体育项目的精彩魅力。那以后,我注定会选择体育文化做些延伸命题的撰写。

因缘际会,书写体育。在不断研读经典《社会学的想象力》时,每每念及米尔斯关于环境中的个人困扰与社会结构中的公众议题都受益良多。我感恩自己所生活的时代,没有国家的繁荣昌盛,就没有"双奥之城"的出现。我生活在这样一个历史时期,感受到学术的召唤和使命,应当为体育学和人类学的融合做点什么。我招的第一个民族学博士之前是从事水彩绘画创作的,我们互帮互助:他向我学习民族学知识,我向他求教点线面和构图、色彩、造型方面的心路。以是,我转到了美术学院。结合之前我在国际文化交流学院语言学方面的工作经历,选取了国家形象的议题。今日呈现"冬奥美术设计与国家形象建构的人类学研究及启示"实乃精诚合作之结果。撰写过程中，由我承担引言、第四章冬奥会主题性美术与国家形象建构关系研究、第五章设计人类学的发展脉络及文化属性、第七章冰雪文化与社会发展关系研究、结语的书写和全书的统稿。我和刘丹航共同承担第一章奥运会标志设计与国家形象、第二章冬奥会场馆设计与国家形象建构和第三章冬奥会吉祥物设计与国家形象建构的写作。我与郭世杰承担第六章冬运会与国家形象建构、第八章美术与设计作品中的冰雪文化撰写和章节水彩的绘画创作。一方面实现我的体育书写素志，另一方面凝练团队合作精神。

不忘初心，学术旨趣。2002年一场学术讲座使我融入人类学的学术生涯，感谢业师地木拉提·奥迈尔教授，是他指引我将自然与文化有机结合在一起，是他继承杨堃老师的衣钵：从《祖先崇拜在中国家族、社会中的地位》（1928）到《阿尔泰语系诸民族萨满教研究》（1995），不断挖掘中国社会的文化力量，第一个启示形成了本书的题目《冰雪艺术》，冰雪是自然之物，围绕冰雪的会徽、场馆、吉祥物是人造之物，紧扣冰雪的各类体育赛事和美术创作是文化之凝结。第二个启示源自从血缘组织（祖先崇拜）到语言谱系（阿尔泰语系），如何构建体育学、人类学、美术学、设计学和语言学之学术关联？冬奥美术设计与国家形象建构为我们搭建了学术框架和对话机制的可能性与可行性。第三个启示源于地木拉提老师的学品和人品——凝聚团队、各取所长、精诚所至、勠力同心。这也是我在招录博士研究生时，希冀取长补短、开阔视野、广开学路、形散神聚的原因。缘分使然，地木拉提老师的父姓中第一个字即为"奥"，我将其作为自己奥运学术应有之义算是冥冥之中的一种攀附吧！二十年学缘深情，致敬业师地木拉提·奥迈尔先生，终身感念！

在研究过程中，我们得到新疆师范大学美术学院李勇教授、李文浩教授，体育学院刘洋教授，音乐学院谢万章博士的建议和意见，特致谢忱！同时，感谢高台当代艺术中心马星多次邀约观展和分享艺术体验。在撰写过程中，得到新疆师范大学美术学院2020级设计学研究生王凯雯、刘颖和田丽，2021级设计学硕士生冯毅、张明贤和胡雨梦，2022级设计学研究生陶雅璐，2023级设计学研究生贾小可、石浩男和李卓暄，以及美术学院数媒2022-13班同学们对我的启发、帮助、陪伴和支持，感谢他们提供了诸多设计学思路和素材，由衷感谢！我们希望有更多的学术同仁一起助力！由于本人学术水平和科研能力有限，书中难免有疏漏和不妥之处，敬请专家、学者和读者们批评指正，不吝赐教。

刘明
2024年3月于鸿飞青志